Josef Saal

55 Methoden Physik

einfach, kreativ, motivierend

Gedruckt auf umweltbewusst gefertigtem, chlorfrei gebleichtem und alterungsbeständigem Papier.

1. Auflage 2017

Illustrationen: Steffen Jähde, Hendrik Kranenberg
Satz: Fotosatz H. Buck, Kumhausen
Druck und Bindung: Kessler Druck + Medien GmbH, Bobingen
ISBN 978-3-403-**07894**-4
www.auer-verlag.de

Methodenvielfalt für einen zielorientierten Unterricht

Als Lehrkraft für Physik wenden Sie bereits viele Methoden erfolgreich an, wobei schülerzentrierte Methoden im Mittelpunkt vieler Unterrichtsstunden stehen werden. Bei der Planung Ihres Unterrichts wählen Sie die Methoden so, dass Ihre Schüler[1] das anvisierte Stundenziel erreichen können. Sie als Lehrkraft stellen sich damit täglich der Herausforderung, einen abwechslungsreichen und dennoch zielorientierten Unterricht zu gestalten. Aufgrund der äußeren Faktoren müssen jedoch häufig Aufwand und Nutzen sinnvoll abgewogen werden. Dies ist eine der Hauptaufgaben in der Vorbereitung von Unterricht. Im Experimentalunterricht sind zudem die gesetzlichen Vorgaben der KMK (RiSU) zu beachten. Darüber hinaus steigt die Bedeutung dieser methodischen Vorüberlegungen mit der zunehmenden Heterogenität der Lerngruppen und dem Ruf nach individueller Förderung.

Das vorliegende Buch kann Ihnen bei der Auswahl der jeweils passenden Methode helfen. Die Sammlung enthält bekannte und innovative Methoden für den Physikunterricht. Die Gliederung der in diesem Buch vorgestellten Methoden erfolgt nach den Unterrichtsphasen, in der die jeweiligen Methoden am besten einsetzbar sind.

Viele der vorgestellten Methoden zur Wiederholung und Anwendung des Gelernten eignen sich gut dazu, in einem Lernen an Stationen kombiniert zu werden. Wenn Sie dabei zusätzlich die unterschiedlichen, individuellen Lerntypen berücksichtigen, ermöglichen Sie ebenso ein Lernen mit allen Sinnen und Fähigkeiten. Auch „Spielstunden" sind in dieser Form möglich.

Einige Methoden zur Präsentation von Lernergebnissen können im arbeitsgleichen Gruppenunterricht eingesetzt werden. Hier kann dann die Präsentationsphase durch die Wahl verschiedener Präsentationsformen abwechslungsreich gestaltet werden.

[1] Aufgrund der besseren Lesbarkeit ist in diesem Buch mit Schüler immer auch die Schülerin gemeint, ebenso verhält es sich mit Lehrer und Lehrerin etc.

Der Aufbau der Handreichung

Die in diesem Buch versammelten 55 Methoden für das Fach Physik sind allesamt erprobt und haben sich in verschiedenen Unterrichtskontexten bewährt.

Die Darstellung erfolgt jeweils nach dem gleichen Schema: Die allgemeinen Hinweise geben einen ersten Überblick zu den Zielen der Methode und zum Einsatz im Unterricht. Die folgenden Symbole werden zur besseren Orientierung verwendet:

Ungefährer Zeitbedarf der Methode, der je nach Klassensituation, Thematik etc. stark variieren kann

Schwierigkeitsgrad der Methode (für die Schüler)

Zielsetzung der Methode

Benötigte Materialien

Anschließend wird die Methode genauer beschrieben. Für eine schnelle Einschätzung sind die Hinweise zur **Durchführung** knapp gehalten. Weitere Hilfen sind ein oder mehrere **konkrete(s) Unterrichtsbeispiel(e)** sowie oft ein oder mehrere enthaltene(r) **Tipp(s)**.

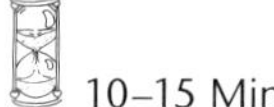

Einstimmen auf ein Thema; Beobachtungsfähigkeit schulen

Gerätschaften aus der Sammlung bzw. dem Alltagsleben, die groß genug sind, dass alle Schüler dem Experiment folgen können

Durchführung:

- Wenn das Experiment bereits vor Unterrichtsbeginn aufgebaut ist, erklärt der Lehrer zunächst den Aufbau und den Ablauf des geplanten Experiments. Alternativ baut der Lehrer die Versuchsanordnung im Beisein der Schüler auf.
- Anschließend wird das Experiment durchgeführt und im darauf folgenden Unterrichtsgespräch ausgewertet. Das Demonstrationsexperiment lenkt dabei die Aufmerksamkeit der Schüler auf die Thematik der geplanten Stunde oder der Unterrichtsreihe.

Konkrete Unterrichtsbeispiele:

- Demonstrationsversuch zum Einstieg in das Thema Induktion
- Zusammenhang zwischen Spannung und Stromstärke beim Ohmschen Widerstand zur Vorbereitung des „Ohmschen Gesetzes"
- Darstellung von elektrostatischen Hochspannungen mit dem Bandgenerator

Tipps:

Lehrerdemonstrationsversuche sind u.a. angebracht, wenn

- die Sammlung nicht genügend Material für einen entsprechenden Schülerversuch hergibt;
- der zeitliche Aufwand für Schülerversuche in keinem sinnvollen Verhältnis zum Aufwand steht;
- ein Schülerversuch nicht zulässig ist.

Aktivieren von Vorwissen, Meinungsaustausch

ggf. Zeitungsartikel, Zeitschriften

Durchführung:

Die Schüler berichten von ihren Alltagserfahrungen mit naturwissenschaftlichen Fragestellungen und Phänomenen. Dazu aktivieren sie ihr außerschulisch erworbenes Wissen und reagieren auf die Äußerungen ihrer Mitschüler.
Die Lehrkraft beobachtet dabei, greift aber nur ein, wenn jemand versucht, die Gesprächsführung zu dominieren. Aussagen werden in dieser Phase nicht bewertet oder unterbrochen – mit Ausnahme solcher Beiträge, die zu weit vom eigentlichen Thema wegführen.

Aus diesem Gespräch heraus lassen sich einzelne Ideen aufgreifen, die dann in konkrete Unterrichtsaktivitäten einfließen.

Konkrete Unterrichtsbeispiele:

Themenbeispiele und Anregungen für freie Unterrichtsgespräche:

- Elektrischer Strom
- „Elektroschrott"
- Astronauten im Weltraum
- Optische Geräte

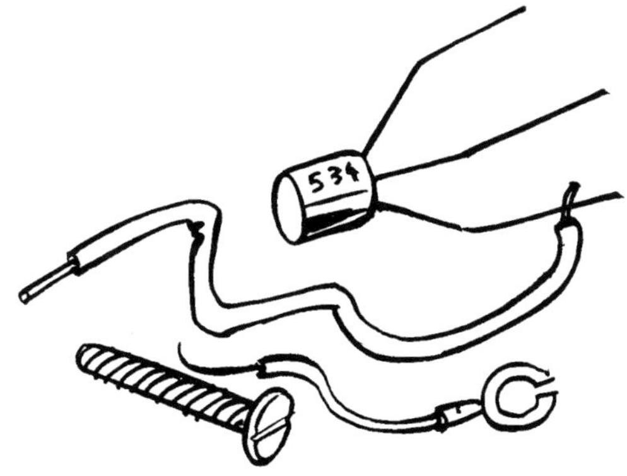

Tipp:

Oft können aktuelle Geschehnisse, die die Schüler bewegen, zu sehr ergiebigen freien Gesprächen führen, insbesondere Katastrophenberichte, Nachrichtensendungen sowie Filme und Berichte, z. B. über Satellitenstarts.

Aktivierung von Vorwissen, Erkennen einer ausgewählten Fragestellung und Suche nach möglichen Antworten

ggf. Papier, Schreibzeug für Notizen, Tafel- oder Folienanschrieb zum Festhalten des Gesprächsergebnisses

Durchführung:

Schüler äußern ihr Vorwissen zu einer von der Lehrkraft ausgewählten Fragestellung. Sie reagieren dabei auch auf die Äußerungen ihrer Mitschüler. Durch Herausstellen von entsprechenden Antworten lenkt die Lehrkraft das Unterrichtsgespräch in die vorab geplante Richtung. Dazu kann das Hervorheben entsprechender Aussagen dienen oder die Aufforderung, Weiterführendes anzubringen. Die Lehrkraft ist also aktiver Teil des Unterrichtsgesprächs und verfolgt einen vorher gespannten „Roten Faden", der zur gewünschten Aufgabenstellung für den weiteren Unterrichtsverlauf führt.

Konkrete Unterrichtsbeispiele:

- Elektrischer Stromkreis: Unterschiede zwischen Reihen- und Parallelschaltung
- Astronauten im Weltraum und ihre Versorgung mit Lebensmitteln und Trinkwasser

Tipp:

Ein paar Notizen – für die Schüler nicht sichtbar hinterlegt – helfen, den eigenen „Roten Faden" nicht aus den Augen zu verlieren.

Entscheidungen hinsichtlich eines Themas, einer Unterrichtseinheit oder eines Lösungsvorschlages treffen, Argumentieren üben

Schere, Stifte, Tortendeckchen

Durchführung:

Entscheidungen und Stimmungen können mit der „Entscheidungstorte" schnell und deutlich dargestellt werden. Dazu erhält jeder Schüler oder jede Gruppe ein Tortendeckchen aus Papier. Diese Deckchen können sie nun in einzelne Stücke einteilen und so ihre Entscheidungen darlegen. Je größer das entsprechende Stück, desto größer die Zustimmung zu einem Sachverhalt. Die einzelnen Stücke werden dann wieder zu ganzen Tortendeckchen zusammengefasst und es lässt sich das Ergebnis anhand der vorhandenen Tortendeckchen ablesen.

Konkretes Unterrichtsbeispiel:

- Reise zum Mars – Was muss mitgenommen werden?

Tipps:

- Die Tortendeckchen bestehen oft aus einem nicht besonders reißfesten Papier.
- Sie lassen sich mit Filzstiften am besten beschriften. Ein längeres Lineal hilft beim Einteilen der Entscheidungstorte.
- Die Tortendeckchen sollten nicht zu klein gewählt werden.

freies Assoziieren, die eigene Meinung darstellen

Flipchart oder Tafel mit Satzanfängen, Karten für die Satzfortführungen, Schreibzeug, Reißzwecken, Kreppklebeband

Durchführung:

Ein Schüler liest in einer „Aufwärmphase" den Anschrieb laut vor. Bei unteren Jahrgangsstufen kann eine mehrfache Wiederholung sinnvoll sein. Dann erklärt die Lehrkraft die Vorgehensweise: Innerhalb einer bestimmten Zeitspanne sollen die Sätze auf den Kärtchen vervollständig werden. Auf jede Karte darf dabei nur ein Satz geschrieben werden.
Nach einer vorgegebenen Zeit werden die Kärtchen eingesammelt und angeheftet (Reißzwecken, Magnetplättchen, Klebestreifen).
Identische Satzfortführungen werden dabei übereinandergesetzt. Anschließend erläutert jeder Schüler seine Satzfortführung.

Die gefundenen Formulierungen können als Entscheidungshilfe für die Fortführung des Unterrichts genutzt werden

Konkrete Unterrichtsbeispiele:

Mögliche Satzanfänge:

- Ein Auto mit hoher Motorleistung ...
- Ein Hebel ...
- Ein Fahrrad ...

Ein Auto mit hoher Motorleistung ...	Ein Auto mit hoher Motorleistung ...	Ein Auto mit hoher Motorleistung ...
... ist schnell.	... braucht viel Sprit.	... ist wünschenswert.

Tipps:

- Die Zeit fürs Aufschreiben sollte nicht zu lang angesetzt werden.
- Bei zahlenmäßig größeren Gruppen empfiehlt sich auch ein Beschränken der Kärtchen pro Person, da sonst das Verfahren sehr unübersichtlich werden kann.

sich zu einem vorgegebenen Thema oder Themenabschnitt in wenigen Sätzen äußern

Material für Anschrieb (Tafel, Folie oder Whiteboard)

Durchführung:

Die Lehrkraft bittet die Schüler, ihre aktuelle Meinung bzw. Haltung zu einem naturwissenschaftlichen Thema in wenigen Sätzen darzulegen. Dabei werden keine Stellungnahmen von Mitschülern zur vorab geäußerten Meinung zugelassen. Die Lehrkraft kann als Protokollführer fungieren und stichwortartig Äußerungen notieren (Tafelanschrieb, Folie, Whiteboard).

In dieser Unterrichtsphase sollte sich kein Unterrichtsgespräch entwickeln, dieses kann sich aber anschließen.

Konkrete Unterrichtsbeispiele:

- Nimm Stellung zum Thema „Elektromobilität".
- Was hältst du von „selbstfahrenden Autos"?
- Was ist deine Meinung zum „Atomausstieg"?
- Sollen Kunststofftragetaschen aus Umweltgründen verboten werden?

Tipps:

- Die Abfrage sollte Spontanäußerungen in den Vordergrund stellen – hierzu möglichst nicht hinsichtlich logischer Zusammenhänge in Reihenfolgen fokussieren.
- Jeder Schüler darf nur wenige Sätze äußern, das hilft sprachlich weniger gewandten Schülern. Sätze wie z. B. „Das meine ich auch" sollten nicht zugelassen werden.

1.7 Schneeball

20–30 Min. 

Teilbereiche eines Themas erkennen, Argumentieren üben

weißes und gelbes A4-Papier, roter oder grüner A3-Plakatkarton, Filzstifte

Durchführung:

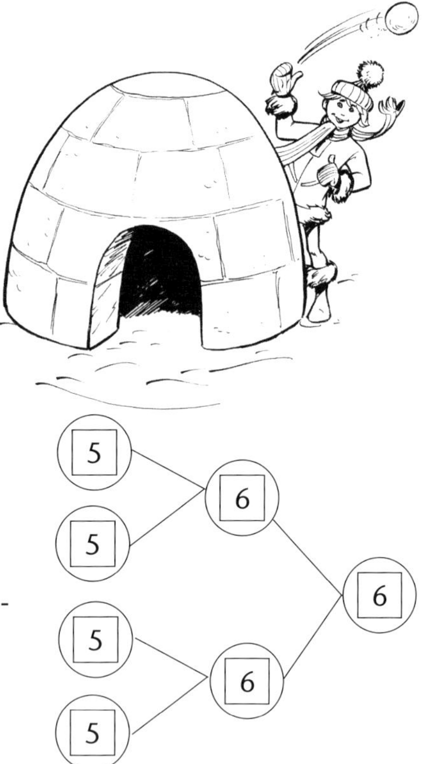

Alle Schüler werden aufgefordert, zu einem vorher beschlossenen Thema Fragestellungen, wichtige Punkte, Vorstellungen und Wünsche schriftlich auf weißen A4-Blättern festzuhalten (pro Schüler 5 Einträge). Paarweise einigen sich die Schüler auf 6 gemeinsame Faktoren, die in einer neuen Liste (gelbe A4-Bögen) notiert werden, aus den 10 Vorschlägen werden also 6.

In Runde 2 einigen sich jeweils zwei Paare auf wiederum 6 gemeinsame Punkte, eine neue Liste wird groß und übersichtlich (auf den roten oder grünen A3-Bogen) geschrieben.

Diese A3-Bögen werden ausgehängt und mit farbigen Markierungen für die sich ergebenden Themenkomplexe markiert (z. B. mit verschiedenfarbigen Filzstiften).

Konkretes Unterrichtsbeispiel:

- Gewinnung elektrischer Energie und Umweltprobleme

Tipp:

Bei mehr als 20 Schülern sollte ein weiterer Durchgang die Anzahl der einzelnen Fragestellungen bzw. Punkte reduzieren.

.8 Science-Shop

5 Min.

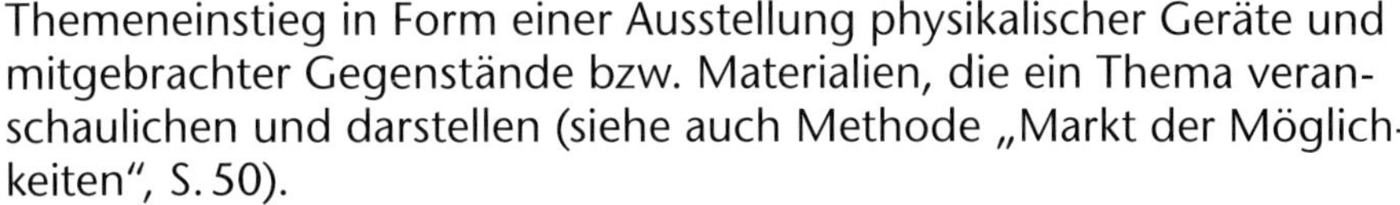

Themeneinstieg in Form einer Ausstellung physikalischer Geräte und mitgebrachter Gegenstände bzw. Materialien, die ein Thema veranschaulichen und darstellen (siehe auch Methode „Markt der Möglichkeiten“, S. 50).

Ausstellungsgegenstände, Regalbretter, Tische, ggf. Beschriftungskärtchen

Durchführung:

Als Einstieg in ein neues (Groß-)Thema sammeln die Schüler im Verlauf eines Unterrichtsgesprächs (ggf. mithilfe des Schulbuchs) einzelne Gegenstände und Materialien, die zum neuen Thema passen bzw. bedeutungsvoll hierfür sind.
Zu den Folgestunden bringen Schüler und Lehrkraft, soweit möglich, weitere passende Gegenstände mit. Besondere Geräte können ggf. aus den naturwissenschaftlich-technischen Fachsammlungen der Schule entnommen werden.
Die gesammelten Gegenstände sollten möglichst während der gesamten Unterrichtseinheit ausgestellt bleiben. Erst am Ende wird die Sammlung wieder aufgelöst.

Konkrete Unterrichtsbeispiele:

- Stromkreis
- Optische Geräte

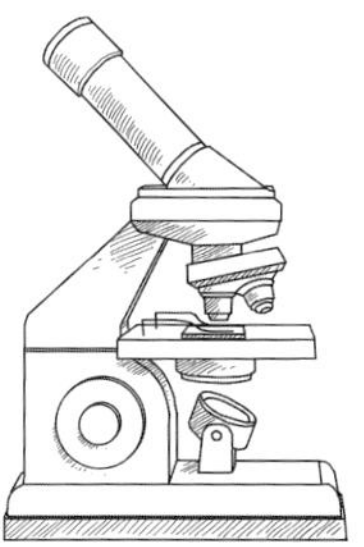

Tipps:

- Das Sammeln und Mitbringen der Gegenstände ist motivierend. Insbesondere die stillen und unauffälligen Schüler können sich dabei (wie im folgenden Unterricht) auf besondere Weise mit einbringen.
- Um Doppelungen zu vermeiden, sollte eine Liste erstellt werden, wer was mitbringt. Um spätere Verwechselungen zu vermeiden, sollten die Exponate zudem beschriftet werden.
- Eine Bewertung der Mitbringsel kann am Ende der Unterrichtseinheit als Festigung bzw. Wiederholung genutzt werden.

Schüler äußern ihre Gedanken zu einem Thema wertungsfrei, mündliches Annähern an ein Problem

Tafel, ggf. Tageslichtschreiber, falls Ideen zeichnerisch dargestellt werden sollen

Durchführung:

Häufig haben Schüler zu naturwissenschaftlichen Fragestellungen bereits Vorstellungen, die überraschende Aussagen bewirken. Aus solchen Ansichten kann ein Meinungsbild innerhalb der Klasse entwickelt werden, das für die weitere Unterrichtsplanung genutzt wird.

Hierzu äußern Schüler innerhalb einer vorgegebenen Zeit alles, was ihnen zu einer gegebenen Fragestellung bzw. einem Thema einfällt, ohne dass diese Äußerungen bewertet oder kommentiert werden sollten.

Ein Schüler arbeitet dabei als „Protokollführer", er notiert z. B. stichwortartig die geäußerten Ideen an der Tafel oder am Projektor.

Konkrete Unterrichtsbeispiele:

- Energiequellen und ihre Vor- und Nachteile
- Antriebsmaschinen für Fahrzeuge und Umweltverträglichkeit

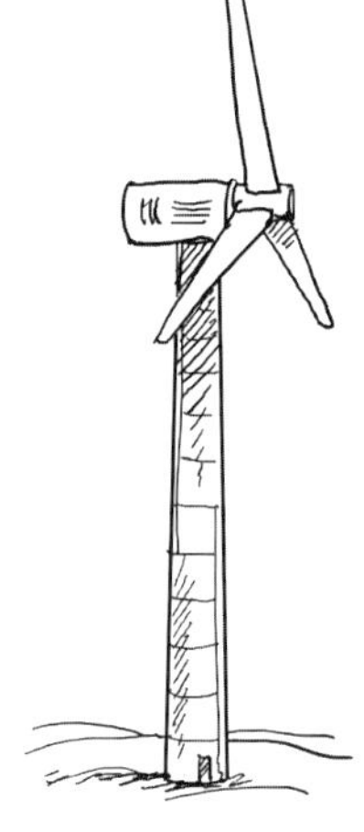

Tipps:

- Die Lehrkraft sollte jeden Schüler zu einer konkreten Aussage auffordern und dabei Kommentare wie z. B. „Das meine ich auch" unterbinden.
- Jeder Schüler sollte kurz und knapp antworten. Langatmige oder abschweifende Erläuterungen sollten eingeschränkt werden.

.2 Brainstorming schriftlich

7–10 Min.

Vorwissen aktivieren; Kommunikationsprozesse untereinander anstoßen; die Diskussionsfähigkeit und Argumentationsfähigkeit stärken

Vorlage oder liniertes A4-Blatt; Schreibmaterial

Durchführung:

Schüler haben zu vielen naturwissenschaftlichen Fragestellungen bereits unstrukturiertes Vorwissen, das mit dieser Methode festgestellt und im Unterrichtsverlauf genutzt werden kann. Dabei wird nach Lösungsvorschlägen zu einer konkreten Fragestellung gesucht.

Zur Durchführung erhält jeder Schüler einer vorher eingeteilten Gruppe (mit mind. vier Schülern) ein Arbeitsblatt, auf dem er links seinen Namen und dann drei Lösungsvorschläge einträgt. Dieses Blatt reicht er an seinen Nachbarn weiter, er selbst erhält von einem anderen Gruppenmitglied dessen Blatt.

Diese Reihe wird fortgesetzt, bis alle Gruppenmitglieder auf jedem Blatt ihre Vorschläge fixiert haben. Anschließend besprechen die Gruppenmitglieder die Lösungsvorschläge der Gruppe, wählen den besten Vorschlag aus und präsentieren ihn im Plenum.

Konkrete Unterrichtsbeispiele:

- Wie kann ich Gefährdungen durch elektrischen Strom verhindern?
- Wie kann ich schwere Lasten anheben?

Tipp:

Eine möglichst konkrete Formulierung der Fragestellung lässt die Schüler bei ihren Vorschlägen fokussierter arbeiten und nicht ins Uferlose abschweifen.

Kreativität (beim Gebrauch von Experimentiermaterial) entwickeln

Experimentiergeräte (ggf. in Abhängigkeit vom Thema)

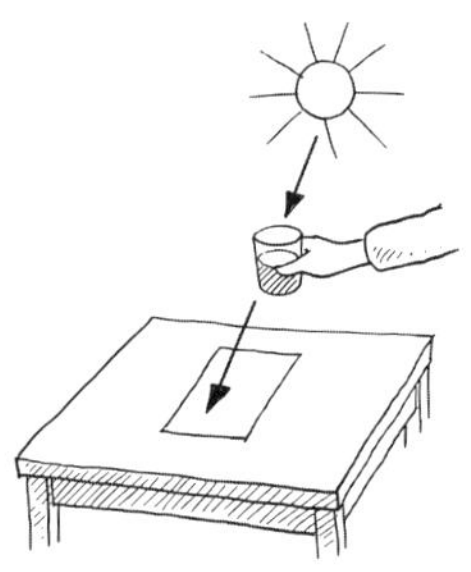

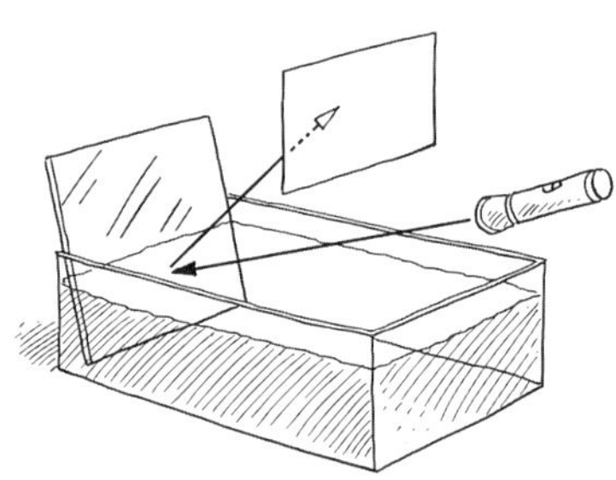

Durchführung:

Die Lehrkraft stellt den Schülern Experimentiermaterial zur Verfügung. Bekannt ist den Schülern dazu das Unterrichtsthema, aber keine Versuchsvorschrift. (Bei einem Start in den naturwissenschaftlichen Unterricht könnte sogar das Thema wegfallen, womit der Kreativität der Schüler keine Grenzen gesetzt sind.)

Mit den vorhandenen Materialien können die Schüler entweder in Einzel-, Partner- oder Gruppenarbeit experimentieren. Ihre Experimente müssen die Schüler sorgfältig dokumentieren, weil sie ja auf keine Versuchsvorschrift zurückgreifen können.

Nach der Experimentierphase werden die Versuchsanordnungen dem Plenum vorgestellt.

Konkrete Unterrichtsbeispiele:

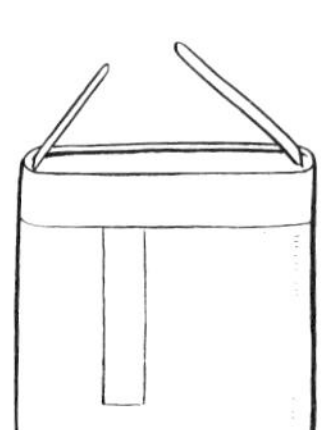

- Experimente mit Magneten
- Experimente mit Magneten, Spulen, Batterie / Netzgerät
- Experimente mit Lämpchen, Fassungen, Schaltern, Batterien / Netzgerät
- Experimente zum Spektrum

Tipps:

- Das Vorstellen „ihrer" Experimente kann im Schülerdemonstrationsexperiment oder als schriftliche Ausarbeitung erfolgen.
- Je nach Dauer der Experimentierphase erfolgt die Präsentation in der nächsten Stunde.

.4 Ideenkarussell

20–30 Min. 

Ideen zur Lösung eines Problems entwickeln, vergleichen und bewerten

A4-Papier, Schreibmaterial

Durchführung:

Ein Problem wird in einzelne Teilprobleme zerlegt, diese werden auf A4-Bögen notiert. Gleiches kann auch mit einer Aufgabe geschehen, welche dann in Teilaufgaben zerlegt wird.

Die Formulare mit den Problemstellungen bzw. den Aufgaben werden verteilt. In einer vorher festgelegten Zeitspanne schreiben die Schüler Lösungen auf. Das Formular wird im Kreis an den Nächsten weitergereicht, der seine Lösungsidee hinzuschreibt. Je nach Gruppenstärke kann der Umlauf 2- bis 3-mal wiederholt werden.

Im Anschluss werden die gefundenen Lösungen zu jedem Teilproblem bzw. jeder Teilaufgabe vorgelesen und besprochen, um so zu einer möglichst optimalen Lösung zu kommen.

Konkrete Unterrichtsbeispiele:

- Problem: Bemannte Raumfahrt zu Planeten im Sonnensystem
  - Wie soll der Antrieb aussehen?
  - Wie wird die Versorgung mit Sauerstoff geregelt?
  - Welche Lebensmittel müssen mitgenommen werden?
  - Wie soll sich die Besatzung zusammensetzen?

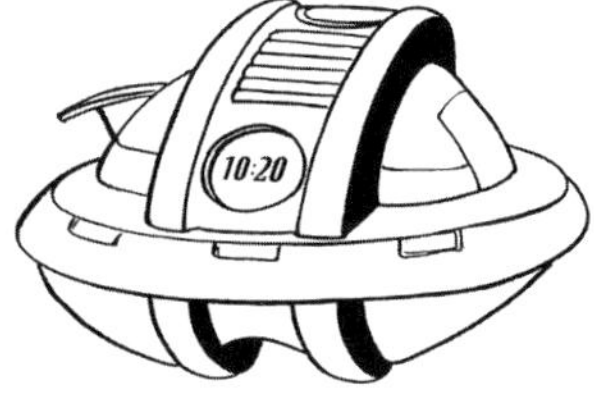

Tipp:

Die Gruppengröße darf für diese Methode nicht zu groß sein, da sonst die Zeitdauer für mehrere Umläufe zu groß wird.

Üben selbstständiger Gruppenarbeit, Fördern kommunikativer Prozesse, Absprachen in der Gruppe

themenbezogenes Experimentiermaterial, Schreibmaterial, Heft / Mappe, ggf. vorbereitete Arbeitsblätter

Durchführung:

Die einzelnen Arbeitsgruppen (Tisch-, Neigungsgruppen oder zufällig zusammengesetzte Gruppen) arbeiten parallel am gleichen Thema (ggf. mit Arbeitsblatt).

Diskussionen über die Vorgehensweise und Aufgabenverteilung in der Gruppe sind wünschenswert, kommunikative Fähigkeiten sollten dabei besonders gefördert werden.

Die Arbeitsergebnisse werden jeweils schriftlich festgehalten und anschließend dem Plenum vorgestellt. Dabei können voneinander abweichende Ergebnisse diskutiert und nach Ursachen gefundener Unterschiede geforscht werden.

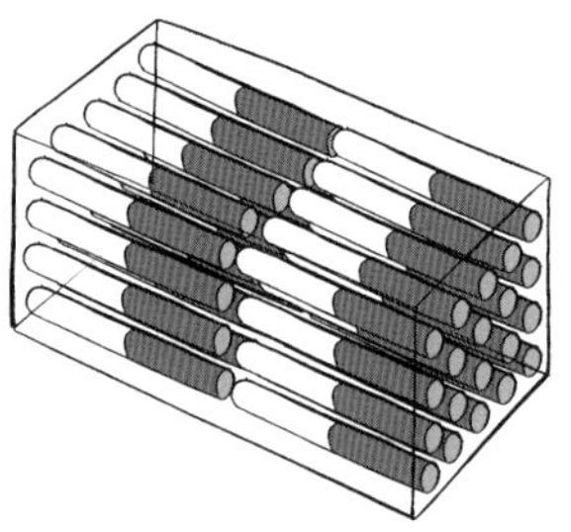

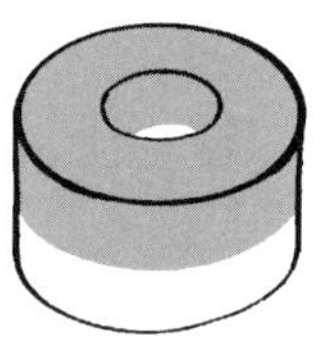

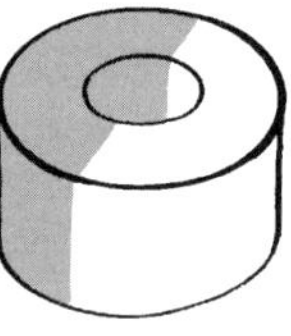

Konkrete Unterrichtsbeispiele:

- Untersuchungen zur Anziehungskraft von Dauermagneten
- Abhängigkeit der Höhe einer Induktionsspannung von Spulenparametern

Tipps:

- Die Lehrkraft sollte bei den Arbeitsprozessen darauf achten, dass alle Gruppenmitglieder in die Arbeitsvorgänge integriert sind.
- Bei häufigerem Einsatz dieser Methode ist ein Wechsel der Gruppenzugehörigkeit ratsam.

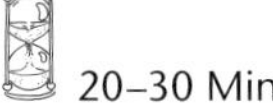
20–30 Min.

arbeitsteilig ein vorher besprochenes Problem unter verschiedenen Aspekten bearbeiten; Kommunikationsfähigkeit fördern

Experimentiergeräte in Abhängigkeit vom Versuchsthema; Material zur Aufzeichnung der Arbeitsergebnisse

Durchführung:

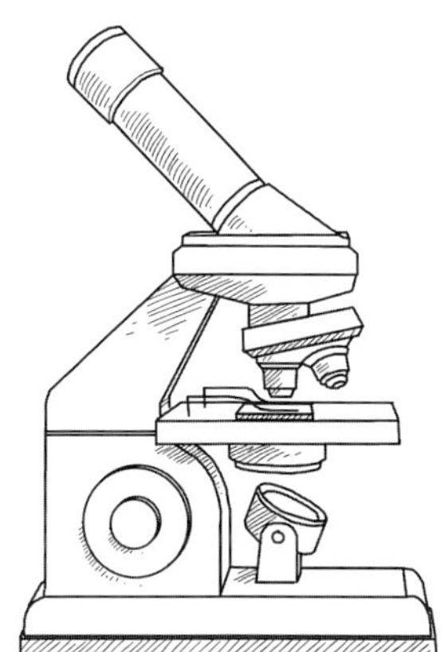

Die Schüler haben im vorgeschalteten Unterrichtsgespräch verschiedene Facetten eines Problems erarbeitet und setzen ihre Vermutungen in konkrete Untersuchungen um. Dabei widmet sich jede Gruppe einem Teilaspekt und trägt ihre Ergebnisse hierzu anschließend vor.

Im Plenum werden die Ergebnisse zusammengetragen und zu einem Gesamtergebnis, wie in einem Puzzle, zusammengesetzt.

Konkrete Unterrichtsbeispiele:

- Auslenkung verschiedener Federn (Hooksches Gesetz)
- Bestimmung des Brennpunktes bei verschiedenen Linsen

Tipps:

- Die Zusammensetzung der Gruppen sollte von Zeit zu Zeit variiert werden.
- Die Aufgabenverteilung in den einzelnen Gruppen sollte beobachtet, besprochen und ggf. verändert werden, um eine gleichmäßige Arbeitsverteilung zu erreichen.
- Die Methode ermöglicht eine effektive Ausnutzung der Unterrichtszeit. Nachteilig erscheint jedoch, dass ungenaue Schülerergebnisse nicht so deutlich sichtbar werden, wie bei arbeitsgleicher Vorgehensweise.

selbstständiges Erarbeiten von Teilaspekten eines umfassenden, selbstgewählten Themas (handlungsorientiertes Lernen in Gruppen)

A3-Plakatkarton, A4-Papier, Flipchart, Stifte, Schere, Klebstoff, ggf. Zeichengeräte, Informationsmaterial zum Thema

Durchführung:

Der Lehrer informiert die Schüler über Ziele und Vorgehen bei projektorientiertem Arbeiten, dies kann auch über ein Unterrichtsgespräch und Zusammentragen von Ideen erfolgen. Der Ablauf der einzelnen Projektphasen wird festgehalten, sodass jederzeit eine individuelle Orientierung möglich ist:

- Ideensammlung
- Finden thematischer Schwerpunkte
- Bildung der Projektgruppen
- Planung und Durchführung in den Gruppen
- Präsentation und Reflexion

Im Anschluss an die Einführungsphase erfolgt die Problembearbeitung individuell bzw. in den gebildeten Gruppen, bis zur Präsentation.

Konkrete Unterrichtsbeispiele:

- Klimawandel
- Erzeugung und Verteilung von elektrischem Strom
- Sterne und Weltraum
- Magnetismus

Tipp:

Projektorientiert zu arbeiten ist für viele Schüler, wie die Wochenplanarbeit, eine große logistische Herausforderung. Erste Projekte sollten daher nicht zu umfangreich sein und zeitlich nicht zu ausgedehnt.

Relevante von irrelevanten Informationen unterscheiden

diverse Materialien, wie z. B. Prospekte, Zeitschriften, Bücher, Werbebriefe usw.

Durchführung:

Nach Festlegung von Arbeitsthemen und erfolgter Gruppenbildung verteilt die Lehrkraft „wie ein Postbote" Material (s. o.), ohne weitere Kommentare zu geben.

Die Schüler haben nun die Aufgabe, die für ihre Gruppenarbeit relevanten Materialien herauszusuchen, auf ihren Inhalt hin zu bewerten und in die Lösung der Gruppenaufgabe einzubinden.

Konkrete Unterrichtsbeispiele:

- Informationen über astronomische Einzelheiten, durchsetzt mit Horoskopen
- Informationen über alternative Antriebe, durchsetzt mit Werbebroschüren für bestimmte Automobile

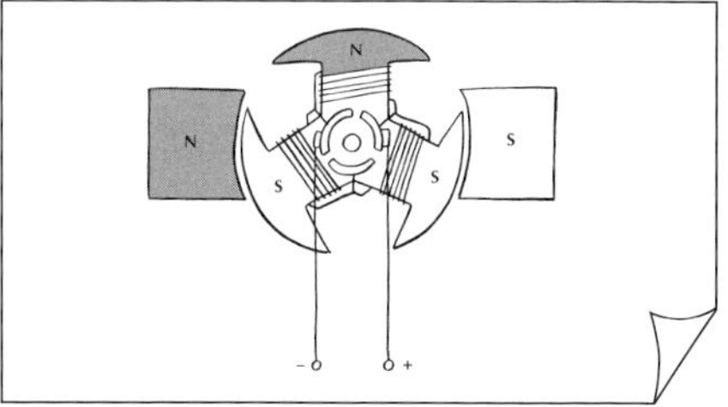

Tipp:

Viele Werbebroschüren lassen sich so wenigstens sinnvoll verwenden.
Behalten Sie die Ausgewogenheit zwischen relevanten und irrelevanten Materialien im Auge, sonst könnte es bei interessanter erscheinenden „Beilagen" zu einer Verschiebung der Arbeitsschwerpunkte führen.

Schüler beschreiben und interpretieren eine vorgegebene Grafik

Grafik in gut erkennbarer Größe (Graustufen, Schwarz-Weiß oder farbig), Schreibmaterial

Durchführung:

Viele naturwissenschaftliche Fakten sind in Grafiken dargestellt, die zunächst interpretiert werden müssen.

Die Schüler sollten anhand der Grafiken einzelne, zum Thema passende Daten, wie z. B. Messwerte, entnehmen und diese Inhalte ausformulieren. Das kann in Einzel-, Partner- oder Gruppenarbeit geschehen.

Die Auswertungen werden anschließend im Plenum vorgestellt und in einem Text zusammengefasst.

Konkrete Unterrichtsbeispiele:

- Interpretation eines Weg-Zeit-Diagramms
- Auswertung des zeitlichen Ablaufs einer Mondfinsternis
- Umsetzung einer grafischen Darstellung des Stromflusses durch einen Transistor
- Zeit-Temperatur-Verlauf beim Schmelzen von Eis

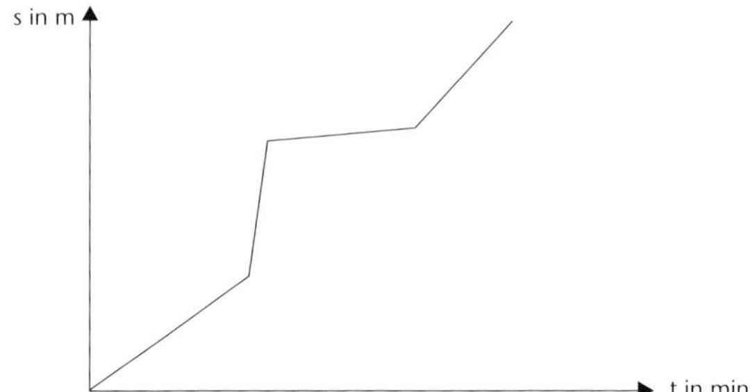

Tipps:

- Wichtig sind zur Auswertung von Grafiken die korrekte Benutzung von Einheiten und die Vergleichbarkeit von Größen, eine Information der Lehrkraft kann dabei für eine entsprechende Grundlage sorgen.
- Viele Schüler haben Probleme bei der Auswertung von Grafiken. Daher ist es oft hilfreich, in einem kurzen Unterrichtsgespräch die Grafik zuerst mündlich beschreiben zu lassen und erst dann mit der schriftlichen Arbeit zu beginnen.

Reduzieren längerer Textpassagen auf die wesentlichen Fakten

Text, Schreibmaterial

Durchführung:

„Jede Unterrichtsstunde ist auch eine Deutschstunde", so lautet eine der zentralen Bildungsforderungen. Die hier vorgestellte Methode kommt dieser Forderung in besonderem Maße nach. Viele Schüler haben große Probleme beim sinnentnehmenden Lesen und können (vor-)gelesene Texte nicht wiedergeben. Durch das verlangte schriftliche Wiedergeben des Inhalts (ohne Teile des Textes dabei abzuschreiben!) wird die Fähigkeit des sinnentnehmenden Lesens geschult.

Eine derartige Zusammenfassung stellt zudem eine gute Grundlage für einen mündlichen Vortrag zum Thema bereit. Ebenso kann hierüber eine mündliche oder schriftliche Überprüfung des Wissens in einer der folgenden Unterrichtsstunden erfolgen.

Konkrete Unterrichtsbeispiele:

- Reduktion eines Textes über die Entdeckung der Gravitationskraft durch Sir Isaac Newton im Hinblick auf die physikalischen Fakten
- „Erfindung" des „world wide web" und seine Bedeutung als Kommunikationsplattform

Tipp:

In einigen Physikbüchern werden derartige Kurzfassungen schon mitgeliefert.

Textanalyse, naturwissenschaftliche Fakten aus historischen Texten entnehmen, sprachliche Besonderheiten erkennen, kommunikative Fähigkeiten weiterentwickeln, passendes Formulieren üben

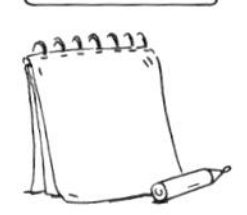

historische Texte, möglichst im Original-Layout

Durchführung:

Viele Erkenntnisse zu naturwissenschaftlichen Phänomenen sind zu Zeiten gewonnen worden, in denen Satzbau, Wortwahl und Rechtschreibung anderen Regeln folgten als heute. Daher fällt es vielen Schülern bei solchen Texten noch schwerer als bei neueren Artikeln, die jeweiligen physikalischen Inhalte zu erkennen – die Motivation kann aber gerade durch dieses „Entdecken-Können" gefördert werden.

Die Fähigkeit, Wesentliches von Unwesentlichem zu unterscheiden, wird beim Einsatz historischer Texte besonders intensiv geübt, weil die Schüler sich schon hinsichtlich der Schreibweisen und dem gewöhnungsbedürftigen Satzbau stärker als sonst konzentrieren müssen.

Beim Umformulieren der Inhalte in den aktuellen Sprachmodus lässt sich schnell erkennen, inwieweit die vorhandenen Informationen korrekt herausgefiltert wurden.

Konkrete Unterrichtsbeispiele:

- Philipp Reis und die Geschichte vom 1. Telefonat
- Werner von Siemens und seine Erfindung
- Johann Wolfgang von Goethe und seine Farbenlehre
- Alexander Humboldt (siehe z. B. http://www.deutschestextarchiv.de/book/show/humboldt_kosmos01_1845)

Tipp:

Das Vorlesen des historischen Textes kann wichtig sein. Begriffe im Text haben z. T. mittlerweile einen Bedeutungswandel erfahren. (Denken Sie z. B. an das Wort „Koks", welches der heutigen Schülergeneration kaum noch in seiner Originalbedeutung vertraut ist.)

Herauslösen von Fachinhalten aus Filmen bzw. Videos; Bewusstwerden der Wirkungen von bewegten Bildern

die zu analysierenden Filme bzw. Videos, Schreibmaterial, ggf. Laptop / Tablet zum Festhalten der Ergebnisse

Durchführung:

Die Schüler sehen sich in Gruppenarbeit die zu analysierenden Filme an, mit Focus auf vorgegebene Fragen, wie z. B.:

- Welche Sachinformationen werden transportiert bzw. dargestellt?
- Wer hat das Material erstellt? (Industriefirma, wissenschaftliches Institut, Lehrmittelfirma, Fernsehproduktion ...)
- Warum wurde der Film erstellt? (Werbeaussagen, Produktvorstellung, Lehrwerk ...)

Die Gruppen stellen anschließend ihre Ergebnisse im Plenum vor. Hierbei wird das vermutete Ziel des Filmbeispiels besonders hervorgehoben.

Konkrete Unterrichtsbeispiele:

- Videofilme zum Thema Automobil der unterschiedlichen Hersteller
- ZDF-Mediathek-Filme, wie etwa zu Rudolf Diesel und seinem Leben
- aktuelle Nachrichtensendungen
- Youtube-Videos, z. B. zum Thema „Vorgänge im Otto-Motor"
- Quarks & Co oder ähnliche Ausstrahlungen

Tipps:

- Wählen Sie überschaubare, nicht zu lange Sendungen.
- Nutzen Sie ggf. nur Ausschnitte, die den Zweck der Medien besonders verdeutlichen.

nach einem vorher geschriebenen „Drehbuch" eigene Kurzfilme bzw. Tutorials drehen

Digitalkamera mit Videofunktion, Smartphone oder Handy

Durchführung:

Die Schüler wählen Unterrichtssequenzen aus, welche anschließend im Video festgehalten werden. Zunächst sollten hierfür Zuständigkeiten in der Gruppe festgelegt werden (Drehbuchautoren, Kameramann, ggf. Tontechniker, falls mit einem separaten Mikrofon gearbeitet wird).

Nach einer Planungsphase zeichnen die Schülergruppen die jeweilige Sequenz auf.

Fehler bei Aufnahmen können im Nachhinein ggf. korrigiert und angepasst werden (durch Bearbeitung von Tonspuren, Wiederholen von Sequenzen, Schnitt etc., auf diese Weise lassen sich auch „Tonstörungen" entfernen).

Im Plenum wird dann der Film vorgestellt.

Konkrete Unterrichtsbeispiele:

- Veränderungen von Magnetfeldern beim Bewegen des Magneten
- Lichtbrechung beim Übergang von Luft in Wasser
- Pendelbewegung (Fadenpendel)

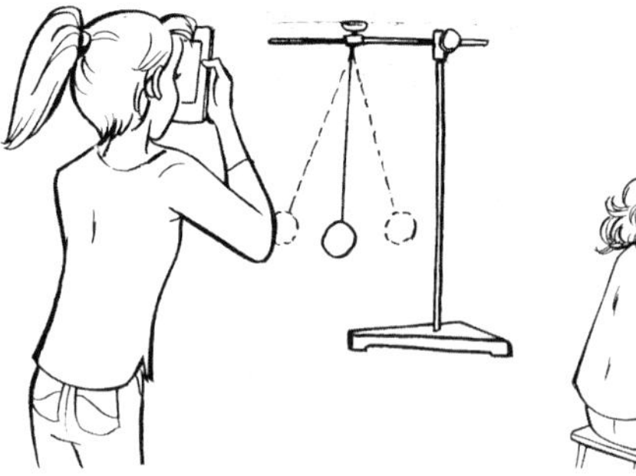

Tipps:

- Nutzen Sie nach Möglichkeit schuleigene Aufnahmegeräte. So haben Sie die volle Kontrolle über die gespeicherten Daten.
- Wenn es die Computer-Ausrüstung zulässt, können diese Filmsequenzen nachbearbeitet werden.
- Ein hoch-motivierendes Arbeitsfeld eröffnet sich für Schüler durch Fragen zur Videobearbeitung.

zu Dokumentationszwecken Handys bzw. Smartphones nutzen

Handys oder Smartphones mit eingebauter Kamera

Durchführung:

Schüler fotografieren mit den in Handys und Smartphones eingebauten Kameras zu Dokumentationszwecken gegebene Versuchsaufbauten, Mess-Ergebnisse oder besonders auffällige Versuchsergebnisse.

Diese Aufnahmen nutzen sie später zur Präsentation, indem sie diese z. B. bearbeiten, ausdrucken oder in rechnergestützte Stundenprotokolle einbinden.

Sie können die Daten zudem in Präsentationsprogramme integrieren.

Konkrete Unterrichtsbeispiele:

- Standbilder von durch elektrischen Strom glühenden Drähten
- Aufnahmen der Anzeige von Messgeräten
- Fotos von kompletten Versuchsaufbauten

Tipps:

- Bedenken Sie bitte vor dem Einsatz dieser Geräte, dass an vielen Schulen das Mitbringen und Benutzen generell untersagt ist.
- Zudem ist das „Recht am eigenen Bild" zu beachten, falls Schüler nicht nur Arbeitsergebnisse, sondern auch Personen fotografieren.
- Erkundigen Sie sich vorab, wie die Haftungssituation an Ihrer Schule geregelt ist, wenn Sie die Schüler dazu auffordern möchten, ihre (teilweise sehr teuren) Geräte mit in die Schule zu bringen.

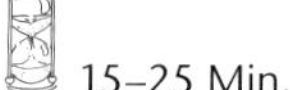

3.11 Spielzeuge im Physikunterricht

Schüler erfahren physikalische Zusammenhänge mithilfe von Spielzeugen (Beispiele: Trinkender Storch (Ente, Brummkreisel, Lichtmühle)

ausgewählte Spielzeuge, die ggf. von den Schülern mitgebracht werden

Durchführung:

Viele Spielzeuge enthalten wichtige physikalische Grundlagen.

Durch den hohen Aufmerksamkeitsfaktor der Spielzeuge und ihren Bekanntheitsgrad ergibt sich schnell ein Unterrichtsgespräch, dass nach eingehender Betrachtung des Spielzeugs auf die physikalischen Grundlagen gelenkt werden kann – wenn diese nicht schon durch die Schüler selbst angesprochen werden.

Durch gezieltes Beobachten und Beschreibung der Vorgänge lassen sich Hypothesen aufstellen und in weiteren Versuchen bzw. Recherchen verifizieren oder festigen.

Konkretes Unterrichtsbeispiel:

- Schwingende Saiten –
  Metallplättchen erzeugen Töne
- Energieumwandlungssysteme –
  Darstellung durch Modelleisenbahn
- Hebel und Hebelgesetze –
  Der „Trinkende Storch“ als Hilfsmittel

Tipp:

Spielzeuge haben einen hohen „Suchtfaktor“ – nicht nur für Kinder. Ihr Einsatz sollte deshalb als eine Art „Highlight“ angesehen werden.

physikalische Zusammenhänge mithilfe von Spielen erfahren (Beispiele: Puzzles, Scrabble, Memory)

ausgewählte Spiele, die entweder selbst hergestellt oder käuflich erworben werden

Durchführung:

Die Schüler erhalten von der Lehrkraft ausgewählte Spiele und nutzen deren Möglichkeiten zum Informationsgewinn.

Mit Scrabble lassen sich so beispielsweise Begriffe aus einer Lehrbuchseite nachlegen.

Puzzles und Memory®-Karten können leicht selbst hergestellt werden, auf diese Weise lässt sich der „Wiedererkennungswert" noch steigern.

Konkrete Unterrichtsbeispiele:

- Puzzle zu Bild mit Versuchsaufbau
- Memory zu Themen der Elektrizität

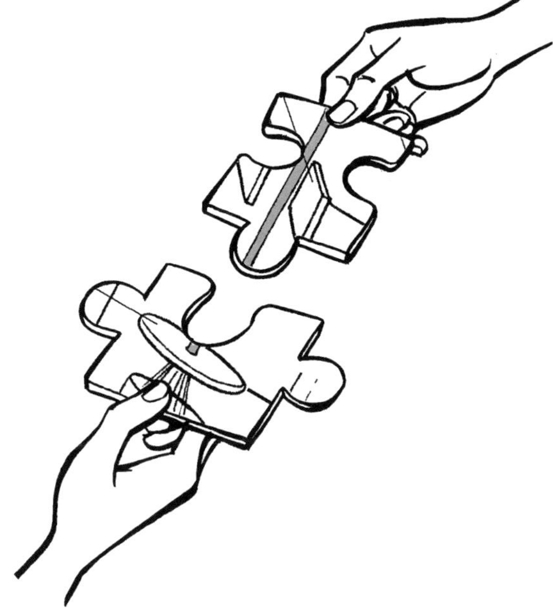

Tipp:

Zum Herstellen von Puzzleteilen oder Memory®-Karten können die Vorlagen aus alten Schulbüchern entnommen werden.

Schüler erkennen Fragestellungen, suchen nach Lösungen

Schreibzeug, Papier

Durchführung:

Die Schüler formulieren Fragen zu einem Problem. Ohne sich miteinander abzusprechen, beschreibt jeder Schüler „sein" Problem. Die Zeit für diese Problembeschreibungsphase wird vorher festgelegt. Die Beschreibung selbst sollte kurz, aber eindeutig das Problem erkennen lassen.

Jeder Schüler reicht nun den Zettel mit „seinem Problem" an den Nachbarn weiter, der einen Lösungsvorschlag darunter schreibt. Daraufhin knickt dieser den Bogen um, sodass seine Lösung nicht sichtbar ist, und reicht ihn auf diese Weise an den nächsten Nachbarn weiter – welcher nur das Problem, nicht aber die erste Lösung liest, um dann „seine" Lösungsvariante dazuzuschreiben.
Dieser Vorgang kann sich mehrfach wiederholen und bei kleinen Lerngruppen alle Teilnehmer umfassen.

Die Ergebnisse werden dann im Plenum vorgestellt. Hierbei suchen die Schüler nach der sinnvollsten Lösung für das Problem – oder unterbreiten ggf. sogar neue Lösungsvorschläge.

Konkrete Unterrichtsbeispiele:

- Warum zeigt eine Magnetnadel in Nord-Süd-Richtung?
- Was sind „Halbleiter"?
- Warum kann ich mit dem Handy oder Smartphone ins Festnetz telefonieren?

Tipps:

- Bei großen Lerngruppen sollte die Anzahl der Lösungsvorschläge begrenzt werden.
- Eventuell können auch nahezu identische Fragestellungen parallel behandelt werden.

Schüler tauschen sich untereinander aus, Fragestellungen werden deutlich, Gesprächsbereitschaft fördern

Input zu einem vorab bestimmten Thema (AV-Medien, Sachtexte, Referate)

Durchführung:

Nach einer Phase der Informationsaufnahme (z. B. in Einzelarbeit) erhalten alle Schüler die Gelegenheit, sich mit Nachbarn auszutauschen. Dabei können die aus der intensiven Einzelarbeit stammenden Informationen verarbeitet werden.

Verständnisprobleme werden so schnell beseitigt, u. U. werden aber auch generelle Schwierigkeiten mit den Informationen deutlich.

Der Mut, nachzufragen wächst deutlich, wenn sichtbar wird, dass auch andere die gleichen Probleme haben.

Zeitlich gesehen sollte der „Bienenkorb“ nicht zu lange andauern, da mit wachsender Gesprächsdauer auch die Anzahl der unerwünschten „Nebengespräche“ steigen wird.

Konkrete Unterrichtsbeispiele:

- Die Reise zum Mars – Was bringt sie uns?
- Internet und WLAN überall – Fluch oder Segen?
- Luftverschmutzung durch Fahrzeuge begünstigt den Klimawandel

Tipps:

- Der Bienenkorb lässt sich auch gut nach Referaten einsetzen, um das häufig auf die Frage „Gibt es noch Fragen?“ eintretende Schweigen aufzulösen.
- Im Bienenkorb entstehende Fragen kann der Referent aufgreifen und im anschließenden Plenum klären.

Textinformationen oder Sprachbeiträge in bildhafte Darstellungen umsetzen, Schulung des Abstraktionsvermögens

Zeichenmaterial, Papier, Fasermaler oder Buntstifte

Durchführung:

Nach einer Informationsphase durch Texte oder Redebeiträge erhalten die Schüler den Auftrag, diese Sachinformationen bildlich bzw. zeichnerisch dazustellen. Dazu können sie alle möglichen Formen der Abbildung, wie z. B. Bilder, Diagramme, Pfeile etc. nutzen.

Das gestalterische Umsetzen kann in Einzel- oder Partnerarbeit geschehen. Wird der Auftrag als Gruppenarbeit gestellt, so ist mit längeren Diskussionen hinsichtlich der Form zu rechnen.

Bei der Darstellung von Experimentalgeräten ist u. a. eine Absprache über die Abbildung der Geräte notwendig, wie z. B.: „Sollen bei elektrischen Schaltungen die Schaltzeichen oder tatsächlich Gerätezeichnungen verwendet werden?"

Konkrete Unterrichtsbeispiele:

- Unser Planetensystem – mit den Namen der Himmelskörper
- Transport von Schallwellen von der Schallquelle zum Ohr
- Kräfteverteilung an der schiefen Ebene

Tipps:

- Es sollten dabei keine Karikaturen entstehen.
- Ermuntern Sie die Schüler, möglichst detailliert zu gestalten.

16 Tuschel-Tuschel

Schüler geben stichwortartig Erfahrenes weiter und vergleichen ihre Angaben mit denen der Mitschüler, Informationsaustausch

„Tuschelvorlage“ (vergrößert kopieren)

Durchführung:

Nach einer Erarbeitungsphase in Einzelarbeit schreiben die Schüler mit wenigen Stichworten das gerade Erlernte in Form eines kurzen, prägnanten Satzes oder in wenigen Stichworten in eine „Tuschelvorlage“.

Aus den vorhandenen Abbildungen von Personen suchen sie sich eine heraus und beschriften die zugehörige Sprechblase. Dann wird die Vorlage weitergereicht und der nächste Schüler füllt seine Tuschel-Sprechblase aus.

Im Plenum werden die Ergebnisse aus der „Tuschel-Tuschel“-Phase anschließend besprochen.

Konkrete Unterrichtsbeispiele:

- Eintragen in Vorlage (S. 34)

Tipp:

Je nach Größe der Lerngruppe empfiehlt es sich, mehrere Vorlagen parallel ausfüllen zu lassen, um die notwendige Zeit zu beschränken.

„Gesprächsleitfaden", Stärkung kommunikativer Kompetenz

Papier, Schreibmaterial, Flipchart oder Plakatkarton, Gesprächsleitfaden

Durchführung:

Nachdem Gruppen gebildet sind, erhalten die Schüler von der Lehrkraft einen „Gesprächsleitfaden", auf dem passende Fragen zum Unterrichtsthema aufgeführt sind.

Diese werden in den Gruppen besprochen, die Schüler fixieren dabei ihre Antworten schriftlich. Der Zeitrahmen ist hierbei limitiert und abhängig von der Anzahl der auf dem Leitfaden formulierten Fragestellungen.

Nach Ablauf der vorgegebenen Zeit werden die Arbeitsergebnisse durch einen Gruppensprecher vorgestellt und ggf. von den Gruppenmitgliedern ergänzt.

Aus dem Plenum heraus können diese Antworten anschließend diskutiert und ggf. korrigiert werden, falls das notwendig erscheint.

Konkrete Unterrichtsbeispiele:

- Nutzung alternativer Energien
- Welche alternativen Energien sind euch bekannt?
- Welche Vorteile seht ihr?
- Haben diese Energieformen auch Nachteile?
- Beschreibt eine alternative Energieform genauer.

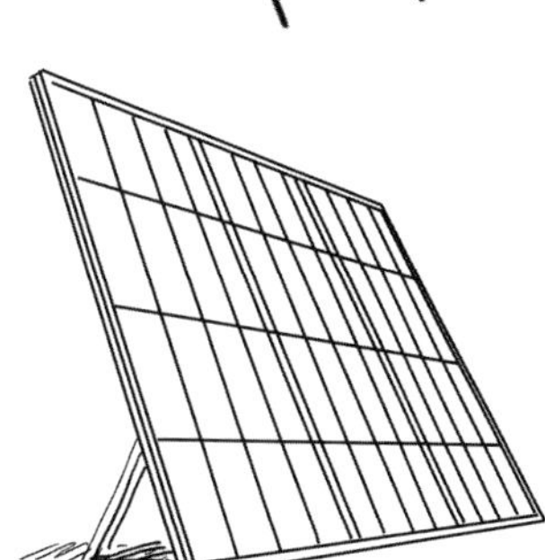

Tipps:

- Der Gesprächsleitfaden kann für alle Gruppen gleichlautend sein.
- Alternativ kann er verschiedene Aspekte eines Themas beinhalten.
- Vorteil dieser Methode ist, dass sich in den kleinen Gruppen oftmals Schüler beteiligen, die sonst eher selten aktiv werden.

selbstständiges Erarbeiten eines Themas; Individualisierung des Lernprozesses

Sammlung unterschiedlichster Materialien in Abhängigkeit vom Thema und der jeweils gestellten Lernaufgabe

Durchführung:

Im Raum werden Tische mit Aufgabenstellungen und den zugehörigen Materialien zur Bearbeitung bereitgestellt.

Die Schüler erhalten einige Minuten Zeit, sich zu orientieren und die Gesamtheit des Themas zu überblicken. Dann entscheiden sich die einzelnen Kleingruppen, mit welcher Station sie beginnen wollen.

Nacheinander werden alle Pflichtstationen von jeder Gruppe bearbeitet; die Zusatzaufgaben dienen der individuellen Förderung und werden wahlweise gelöst.

Anschließend stellen die Schüler ihre Ergebnisse vor. Falls erforderlich, werden diese im Plenum oder durch die Lehrkraft korrigiert.

Konkrete Unterrichtsbeispiele:

- Fliegen und Flugzeuge
- Geschichte der Luftfahrt
- Leichter oder schwerer als Luft (Ballone, Zeppeline und Flugzeuge)
- Otto Lilienthal – Pionier der Luftfahrt
- Flugzeugantriebe
- Militär- und Zivilluftfahrt
- Flugzeuge und Umwelt

Tipps:

- Im Lernzirkel sollten Pflicht- und Zusatzaufgaben bereitgestellt werden.
- Dadurch kann die individuelle Aufnahmefähigkeit berücksichtigt werden.

ein alphabetisch geordnetes „Fachwörterlexikon" bzw. eigenes Lexikon erarbeiten und erstellen

Karteikasten und passende Karteikarten

Durchführung:

Viele Schüler haben Probleme, sich Fachbegriffe zu merken. Das ist besonders bei schriftlichen Aufgaben hinderlich, wenn durch Nachfragen zum Begriffsinhalt die Konzentration anderer Schüler gestört wird.

Ein Fachlexikon wiederum enthält viele Begriffe, die nicht genutzt werden, zudem sind die Ausführungen für Schüler oftmals nur schwer verständlich.

Die Lösung: Durch das eigene Herstellen einer Begriffs-Sammlung auf Karteikarten werden nur die relevanten Begriffe in einer für die Schüler verständlichen Sprache aufgenommen. Dieses Lexikon ist zu jeder Zeit erweiterbar – und steht zum Lernen und Üben immer zur Verfügung.

Konkrete Unterrichtsbeispiele:

Lexikoneinträge zu

- Begriffen der Optik
- Elekronenröhre
- GPS

Tipp:

Wählen Sie nicht zu große Karteikarten – der geringe Platz auf den Karten führt zur sinnvollen Reduktion der Begriffe auf wenige, besonders wichtige Informationen.

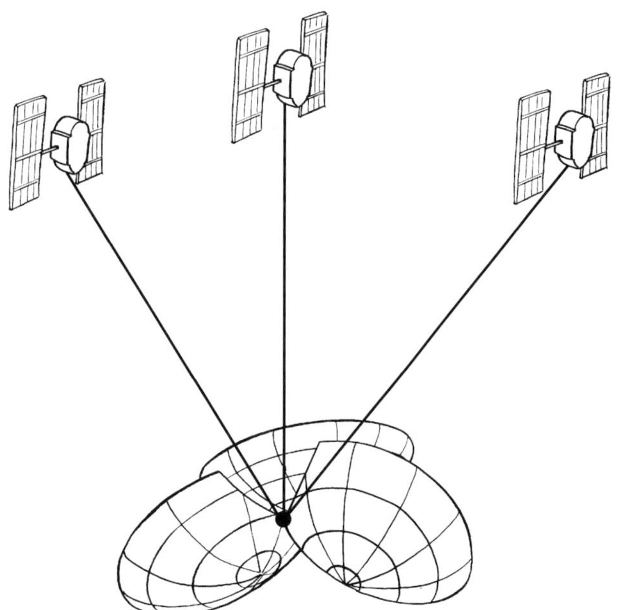

3.20 Stummes Schreibgespräch

sich zu aufgeführten Fragestellungen bzw. Impulsen positionieren; Konzentrationsschulung auf eine wesentliche Tätigkeit

Plakate mit vorformulierten Fragestellungen bzw. Problemen, Filzstifte

Durchführung:

Auf mehreren Tischen werden Plakate ausgelegt, die jeweils mit einer Frage oder einem Impuls beschriftet sind. Die Schüler bewegen sich schweigend von einem Tisch zum anderen und lesen die Aufschriebe. Dieser erste Durchgang sollte nur sehr kurze Zeit währen und den Schülern lediglich einen Überblick verschaffen.

Dann werden die Schüler aufgefordert, schriftlich Stellung zu den einzelnen Komplexen zu nehmen – und zwar direkt auf den Plakaten. Es gilt weiterhin „Redeverbot“.

In einem weiteren Durchgang können sie dann zu den hinzugeschriebenen Texten – wieder direkt auf den Plakaten – Ergänzungen und Meinungen zum Ausdruck bringen. Eine Besprechung der Plakataufschriebe kann sich anschließen und löst die durch das Schweigen hervorgerufene Anspannung auf.

Konkrete Unterrichtsbeispiele:

Beispiele für Impulse nach einer Gruppenarbeit:

- Die Arbeit in der Gruppe hat mir …
- Jetzt möchte ich nur noch wissen, …
- Wenn ich geahnt hätte, …
- Gut gefallen hat mir …
- Ich habe gelernt, …

Tipp:

Bei größeren Gruppen kann die Anzahl der Plakate erhöht werden – sollte aber insgesamt nicht mehr als 8 betragen (Zeitgründe, Konzentrationsprobleme).

Fragen zum aktuellen Themengebiet formulieren, Antworten geben

A4-Papier und Schreibzeug

Durchführung:

Nach einer ersten Informationsphase, die in den unterschiedlichen Sozialformen durchgeführt werden kann, werden Sechsergruppen gebildet. Jedes Gruppenmitglied überlegt sich eine Frage zum Thema und schreibt sie auf ein Blatt Papier. Dieses Blatt wandert im Kreis und jedes Gruppenmitglied schreibt seine Antwort auf – sofern eine solche bekannt ist.

Die Blätter werden anschließend eingesammelt. Fragen und Antworten können im Plenum vorgelesen und besprochen werden.

Aufgeklebt auf Flipchart oder Plakatkarton werden die Bögen dann bis zum Abschluss des Themas aufgehoben.

Konkrete Unterrichtsbeispiele:

Vorbereitung „Projektorientiertes Arbeiten":

Frage 1: Muss ich mitmachen oder kann ich alleine arbeiten?

- Alle machen mit.
- Das schaffst du nicht alleine!
- In der Gruppe arbeiten ist leichter.

Frage 2: Wie lange soll das dauern?

- Eine Woche – es heißt ja „Projektwoche".
- 5 Tage.
- Wenn's Spaß macht, immer.

Tipp:

Die Gruppen sollten nicht mehr als sechs Personen umfassen, die Zeit, bis der Frageboden alle einmal erreicht hat, wäre sonst zu lang.

3.22 Placemate

10 Min. 

Kooperation fördern; individuelles Vorwissen, Meinungen, Ergebnisse ermitteln und zusammenfassen

leere A3-Bögen (ggf. mit eingetragenen Feldern)

Durchführung:

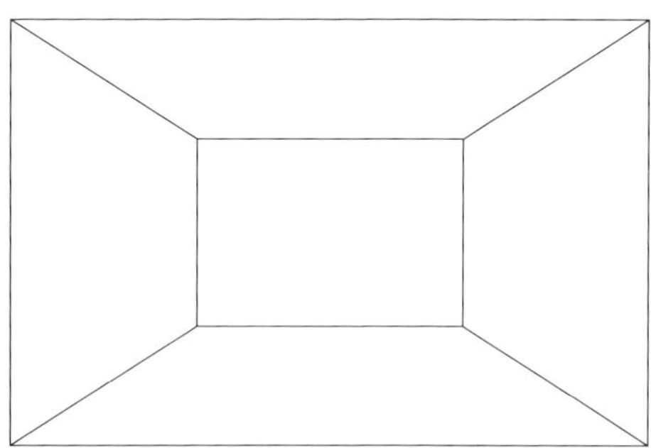

Jede Schülergruppe erhält ein „Platzdeckchen".

Auf dieser Vorlage (DIN A3) sind Felder eingezeichnet, in die die Schüler ihre Arbeitsergebnisse notieren.

Das Platzdeckchen wird dazu in die Mitte des Gruppentisches gelegt.

In Einzelarbeit, also ohne mit den anderen Gruppenmitgliedern Kontakt aufzunehmen, trägt jedes Gruppenmitglied in sein Feld seine Ergebnisse ein, z. B. das eigene Vorwissen zu diesem Thema, die wichtigen Informationen des Textes, die Interpretation einer Bildvorlage oder eines Versuchsergebnisses.

Nach einer zuvor vorgegebenen Zeit wird innerhalb jeder Gruppe über die verschiedenen Ergebnisse und Meinungen diskutiert und ein gemeinsames Ergebnis im mittleren Feld formuliert.

Diese gemeinsamen Ergebnisse werden anschließend in der Klasse vorgestellt. Abschließend wird ein Klassenergebnis formuliert.

Konkretes Unterrichtsbeispiel:

- Placemate zum Thema „Sicherheit im elektrischen Stromkreis" (siehe S. 41)

.22 Placemate

10 Min.

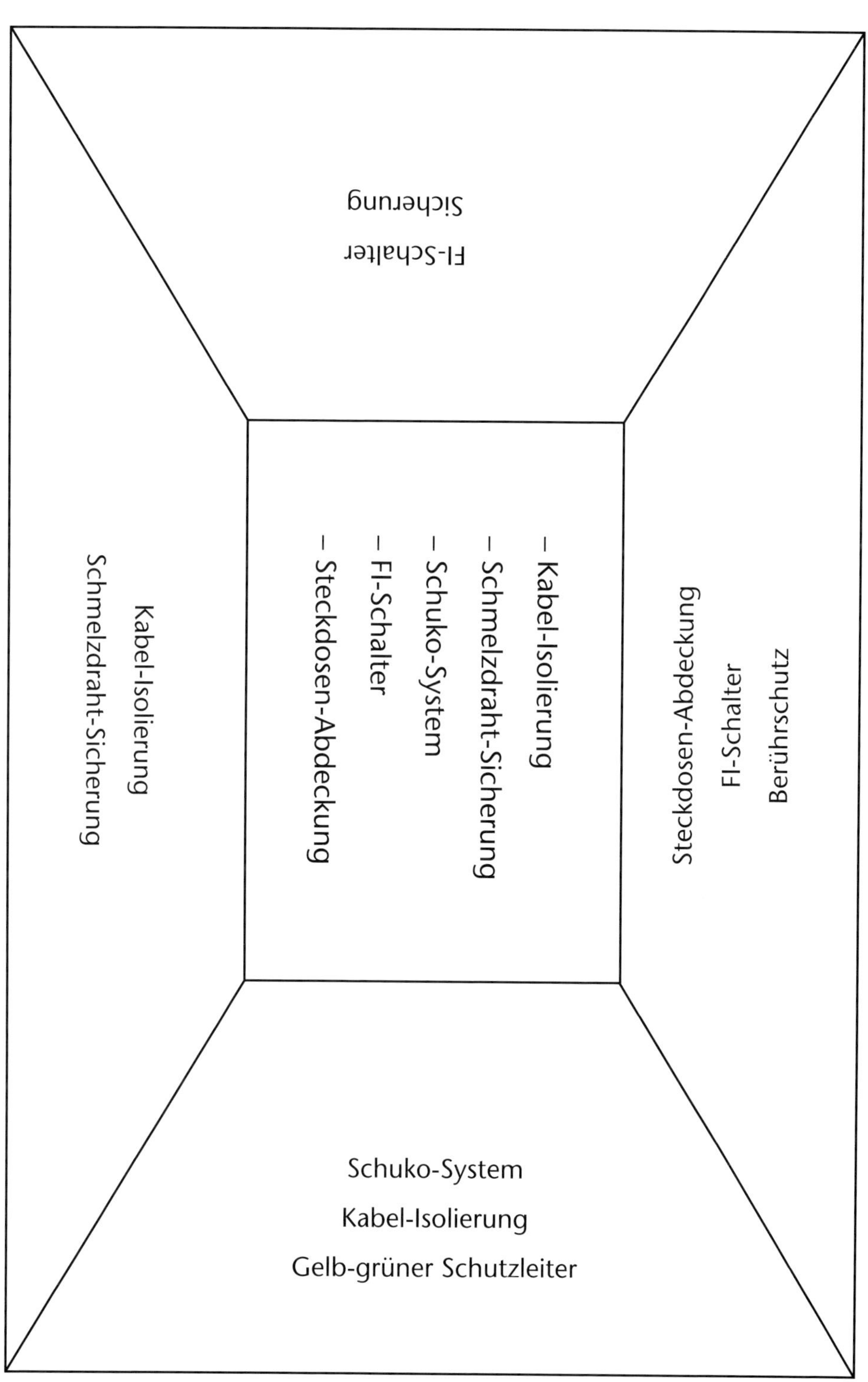

3.23 Tauschbörse

Stärken und Schwächen erkennen, Kommunizieren üben

3 rote und 3 grüne Karten pro Schüler

Durchführung:

Die Schüler erhalten von der Lehrkraft je drei rote und drei grüne Karten. Bei den Überlegungen zur Durchführung einer Gruppenarbeit oder zum projektorientierten Unterricht sollen sie angeben, zu welchem Themenbereich sie in besonderem Maße ihr Wissen bzw. einzelne Informationen beitragen können bzw. wo sie selber noch Informationen suchen. Mit wenigen, aber aussagekräftigen Worten notieren sie dies auf den Karten und halten sie dann gut sichtbar in den Händen.

Die roten Karten enthalten dabei Anfragen und Wissenslücken, die grünen Karten dienen der Angabe von Wissen, das der Schüler weitergeben kann.

Es folgt eine Phase des Austausches untereinander. Dazu können die Schüler mit ihren Mitschülern Kontakt aufnehmen, eventuelle Nachfragen zu den Kärtchen stellen und sich dann notieren, wem sie Auskünfte erteilen wollen und von wem sie Wissen erhalten.

Konkrete Unterrichtsbeispiele:

- Magnetismus und Elektromagnetismus
- Der Sehvorgang und die Physik der Linsen
- Der Schall und das Ohr

Tipp:

Alternativ können die Karten auch – mit Namen versehen – ausgelegt werden. Die Schüler nehmen dann die für sie relevanten Karten, sie können sich mit der Karte an den entsprechenden Mitschüler wenden.

.24 Besuch außerschulischer Lernorte

ab 120 Min.

Öffnung von Schule nach außen, Lernen als ganzheitliche Erfahrung begreifen

Materialien, die von vielen außerschulischen Lernorten angeboten werden

Konkrete Unterrichtsbeispiele:

- Technische Einrichtungen und Firmen (Schachtschleusen, Schiffshebewerke, Zementwerke, Talsperren, Kraftwerke …)
- Ausstellungen (DASA in Dortmund, BAYCOM in Leverkusen)
- Schülerlabore, Phänomenta-Standorte
- Museen (Deutsches Museum München, Technikmuseum Sinsheim, Autostadt Wolfsburg)
- Firmen und Messen vor Ort
  (z. B. Steinmuseum in Anröchte, Strommuseum Recklinghausen)

Quelle: Dr. Bernd Gross

Tipps:

- Viele Museen und andere Einrichtungen bieten pädagogisch ausgeklügelte Programme an.
- Diese können auf Anfrage hin oftmals individuell zusammengestellt werden.

Lösungen für ein Problem vortragen;
Versuchsergebnisse anhand eines Versuchsaufbaus präsentieren;
Sprach- und Kommunikationskompetenz fördern

Experimentiergeräte in Abhängigkeit vom Versuch

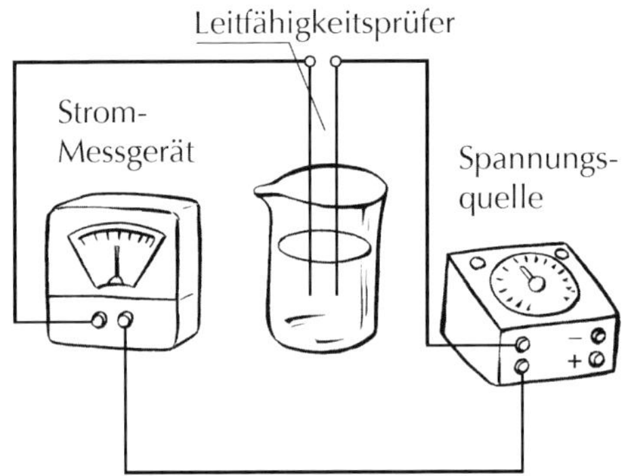

Durchführung:

Nach einer Erarbeitungsphase stellen Schüler ihre Versuchsergebnisse im Experimentalvortrag von einem zentralen Arbeitsplatz aus vor.

Dabei erklären sie ihren Mitschülern die erarbeiteten Ergebnisse und den gewählten Lösungsweg.

Eine zweite Möglichkeit ist die Vorstellung einer Lösung eines vorab gestellten Problems mit anschließender Diskussion.

Dabei kann der Vortrag durch einen (gewählten) Gruppensprecher oder aber arbeitsteilig durch alle Gruppenmitglieder erfolgen.

Konkrete Unterrichtsbeispiele:

- Heben einer schweren Last mit losen und festen Rollen
- Schiefe Ebene und Kraftaufwand
- Ermitteln des Volumens eines unregelmäßigen Körpers

Tipp:

Die Zeit für den Vortrag einer jeden Gruppe sollte vor Beginn der Vortragsphase als Maximalwert festgelegt werden.

10–15 Min.

Sichern von Wissen – durch schriftliches Protokoll einer Unterrichtsstunde bzw. eines Versuchsablaufs

Schreibmaterial, eventuell Computer mit Text- oder Präsentationprogramm

Durchführung:

Stundenprotokolle sind eine der Grundlagen für eine gezielte Nachbereitung bzw. Sicherung von Ergebnissen. Die Schüler nutzen dazu ihre Notizen und Aufzeichnungen, welche sie stichwortartig während des Unterrichts notiert haben.

Sie formulieren diese Notizen aus und schaffen so die Grundlage für eine spätere Überprüfung des Erlernten.

Konkrete Unterrichtsbeispiele:

Name	
Ziel	
Frage	
Ablauf	
Ergebnis	
Analyse	

Tipp:

Bei Schülern aus unteren Klassen empfiehlt es sich, einen Protokollvordruck zu erstellen und nutzen zu lassen.

4.3 Steckbrief

10–15 Min.

Zusammenfassen wichtiger Fakten (kombiniert mit einer Abbildung)

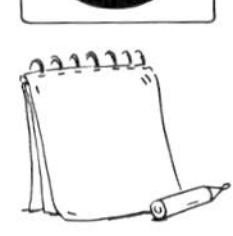

A4-Papier (weiß oder in hellen Farbtönen), Schreibmaterial, falls vorhanden: Computer mit Bildbearbeitungsprogramm, Informationstexte zum Entnehmen der Fakten

Durchführung:

Die Schüler erhalten von der Lehrkraft die ausgewählten Texte bzw. die Aufgabe, zu einer bestimmten Person oder einem Gegenstand einen „Steckbrief" zu erstellen. Der Steckbrief sollte einen Außenstehenden in die Lage versetzen, die beschriebene Person oder den Gegenstand mit seinen Eigenschaften wiederzuerkennen. Das Formulieren kann in Einzel- oder Partnerarbeit geschehen.

Nach Abschluss der Arbeit werden die Steckbriefe vorgestellt, ohne dabei den Namen oder Gegenstand zu nennen. Die anderen Schüler suchen im Plenum nach dem passenden Namen bzw. Begriff. Fehlende oder unzutreffende Angaben können so festgestellt und korrigiert werden.

Konkrete Unterrichtsbeispiele:

- Gesucht wird: Nikolaus Kopernikus
- Gesucht wird: Georg Simon Ohm
- Gesucht wird: Monsieur Ampere
- Gesucht wird: Alexander Humboldt
- Gesucht wird: Die Lichtgeschwindigkeit

Tipp:

Ein Steckbrief kann auch als schnelle Lernzielkontrolle eingesetzt werden.

Qualitäts-Kataloge entwickeln, Bewerten üben (in Satzform oder Notenskala)

zu bewertende Materialien, Papier, Schreibzeug

Durchführung:

Die Schüler haben in einer Erarbeitungsphase bereits mit verschiedenen Materialien gearbeitet. Dabei haben sie wahrscheinlich bereits festgestellt, dass nicht alle diese Materialien qualitativ gleichwertig waren. Zu einzelnen Materialien sollen sie nun diese Qualität anhand von intern festgelegten Kriterien beurteilen und diese Maßstäbe fixieren.

Hierfür müssen sie zuerst einen Qualitätskatalog aufstellen und das Maß des Einflusses auf die Endbewertung festlegen. Diese Aufgabe kann in allen Sozialformen gelöst werden.

Das Gutachten wird dann der Klasse oder der Lerngruppe vorgestellt.

Konkrete Unterrichtsbeispiele:

Anregungen zum Kriterienkatalog:

- Wie lang ist der Text?
- Werden viele (ungebräuchliche) Fremdwörter genutzt?
- Sind die Sätze überschaubar und gut lesbar?
- Werden Bilder und Grafiken zur Verdeutlichung eingesetzt?

Tipps:

- Materialien müssen in ausreichender Menge vorhanden sein. Die Gutachten (bzw. zumindest der Kriterienkatalog) können immer wieder Anwendung finden.
- Die Gruppengröße sollte allerdings nicht sehr groß sein, weil sonst die Kriterien-Zusammenstellung und die Wertigkeitsfestlegung zu viel Zeit in Anspruch nehmen kann.

4.5 Netzwerk aus Karten

Karten zum gewählten Unterrichtsthema erstellen, Wissen vernetzen, visualisieren

Karten, Faserstifte

Durchführung:

Die Schüler erstellen nach einer Themenfindungsphase Karten mit Begriffen zum ausgewählten Thema. Die Begriffe sollten keine ausformulierten Sätze, sondern Stichworte, eventuell auch kleine Handskizzen sein. Die Karten werden unsortiert auf den Boden oder einige zusammengeschobene Tische gelegt.

Die Schüler erhalten eine vorher festgelegte Zeit, um sich mit dem Inhalt der Karten vertraut zu machen.

Danach beginnt ein Schüler (ggf. kann dieser „Starter" ausgelost werden), mit der Gestaltung des Netzwerkes, indem er eine Karte herausgreift und ablegt. Der nächste Schüler legt jetzt eine Karte an diese erste an, wobei diese neue Karte einen Anschluss darstellen sollte. Weitere Schüler folgen, bis alle Karten ein Netzwerk zu diesem Thema bilden. Dabei können auch Karten neu einsortiert werden, um so den Inhalt des Themas genauer widerzuspiegeln.

Das Netzwerk kann fotografiert oder in der bestehenden Form aufgehoben werden.

Konkrete Unterrichtsbeispiele:

- Optische Geräte
- Gravitation

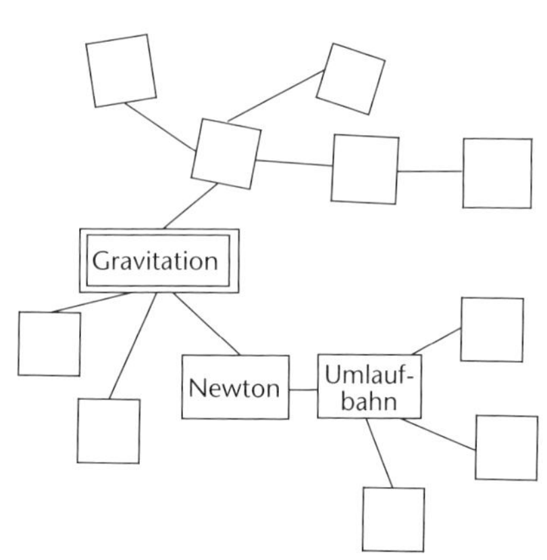

Tipp:

Die Lehrkraft sollte die Anzahl der Karten pro Schüler beschränken und die Zeit für die Erstellung nicht zu lang wählen.

10–15 Min.

Zusammenfassen von Arbeitsergebnissen, Konzentration auf wesentliche Informationen

Schreibzeug, Papier, Pinnwand, Nadeln oder Klebestreifen aus Krepp

Durchführung:

Die Schüler sollen Informationen (Arbeitsergebnisse oder -anweisungen) möglichst konzentriert (im „Telegrammstil") an Gruppenmitglieder oder die Lehrkraft abliefern. Durch die Kurzform darf aber keine missverständliche Deutung möglich sein. Die Kurztexte werden aufgeschrieben und dann an den gewünschten Empfänger weitergegeben.

Haben alle Telegramme (bzw. SMS) ihre Empfänger erreicht, werden diese an Stellwände gepinnt und der Inhalt besprochen. Wichtig ist dabei, dass die Empfänger die Texte vorlesen und dem Plenum den Inhalt erklären (können).

Konkretes Unterrichtsbeispiel:

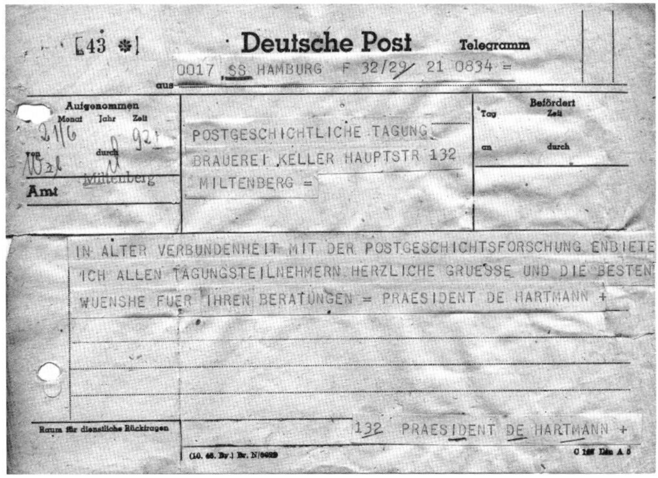

Deutsche Post Telegramm

aus 0017 SS HAMBURG F 32/29 21 0834 =

Aufgenommen Monat Jahr Zeit

Amt Miltenberg

Befördert Tag Zeit an durch

POSTGESCHICHTLICHE TAGUNG
BRAUEREI KELLER HAUPTSTR 132
MILTENBERG =

IN ALTER VERBUNDENHEIT MIT DER POSTGESCHICHTSFORSCHUNG ENBIETE ICH ALLEN TAGUNGSTEILNEHMERN HERZLICHE GRUESSE UND DIE BESTEN WUENSHE FUER IHREN BERATUNGEN = PRAESIDENT DE HARTMANN +

Raum für dienstliche Rückfragen

132 PRAESIDENT DE HARTMANN +

Quelle: Deutsche Gesellschaft für Post- und Telekommunikationsgeschichte

Tipps:

- Der Begriff Telegramm ist den meisten Schülern nicht mehr geläufig – deshalb wurde der Name der Methode durch den Begriff „SMS" ergänzt.
- Handys bzw. Smartphones sollten hier aber nicht zur tatsächlichen Übermittlung genutzt werden.

Arbeitsergebnisse präsentieren

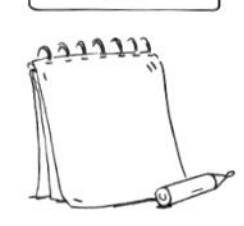

Arbeitsergebnisse der Schüler

Durchführung:

Die Schüler haben ein Thema erfolgreich bearbeitet. Nun stellen die einzelnen Gruppen ihre Ergebnisse auf dem „Markt der Möglichkeiten" aus, indem sie Tische mit den Ergebnissen bestücken. Ein Gruppenmitglied betreut abwechselnd den „Stand", während die anderen sich auf dem „Markt" umsehen. So können alle Schüler von allen Arbeitsergebnissen profitieren und Nachfragen stellen, ggf. sogar auf problematische Ergebnisse hinweisen.

Konkrete Unterrichtsbeispiele:

Tipps:

- Den einzelnen Gruppen muss genügend Zeit eingeräumt werden, die Marktstände vorzubereiten.
- Die Lehrkraft sollte darauf achten, dass nicht ständig dasselbe Gruppenmitglied den Marktstand betreut, sondern dass hier ein Wechsel erfolgt.
- Ein besonders herausragender Stand kann prämiert werden.

15–20 Min.

Kommunikationskompetenz erweitern, Sichern von Unterrichtsergebnissen

Kärtchen mit Begriffen, die dargestellt werden sollen

Durchführung:

Durch ein Losverfahren wird ein Schüler bestimmt, der einen Begriff aus dem aktuellen Unterricht auswählt. Dieser Schüler bekommt eine Minute Zeit, sich hierzu eine geeignete „Choreografie" auszudenken – um den Begriff anschließend pantomimisch darzustellen.

Seine Mitschüler versuchen, den Begriff anhand der Vorführung zu erraten.

Dann wird erneut ein Schüler durch Losverfahren bestimmt, der sich den nächsten Begriff aussuchen kann und ihn pantomimisch präsentiert.

Konkrete Unterrichtsbeispiele:

- Isaac Newton und die Entdeckung der Gravitation
- Faraday und der Blitzableiter
- Philip Reis und sein Telefon
- Die Kompassnadel zeigt immer nach Norden.

Tipps:

- Vor dem Einsatz dieser Methode sollte die Klassensituation und die Position einzelner Schüler in der Lerngruppe bedacht werden.
- Dieses Verfahren kann sowohl zur Wiederholung am Anfang einer Unterrichtsstunde als auch am Ende zur Ergebnissicherung eingesetzt werden.

Kommunikationsfähigkeit trainieren, freies Sprechen üben, Aufmerksamkeitstraining

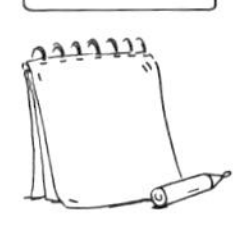

Experte, eventuell Kärtchen mit vorbereiteten Fragen bzw. Stichpunkten

Durchführung:

Die Schüler befragen einen „Experten" – dieser kann ein Mitglied der Klasse oder Lerngruppe sein, eine andere Lehrkraft oder ein außerschulischer Experte.

Das Thema der Expertenbefragung wird vorher im Unterrichtsgespräch festgelegt, zudem wird der zeitliche Rahmen abgesteckt. Außerdem werden Gesprächsregeln vereinbart, an die sich die Beteiligten halten müssen. Das gilt vor allem für den Fall umfangreicher Nachfragen desselben Schülers, der unmittelbar zuvor bereits eine Frage gestellt hat. (Ansonsten kann sich schnell eine für Mitschüler frustrierende Situation einstellen, wenn sie mit ihren Fragen nicht zum Zuge kommen.)

Falls die technischen Voraussetzungen gegeben sind, kann eine Videodokumentation die weitere Verwendung der Expertenbefragung ermöglichen.

Konkrete Unterrichtsbeispiele:

- Elektrofachkraft wird zum Thema Sicherheit beim Umgang mit elektrischem Strom befragt
- Kfz-Mechatroniker gibt Auskünfte zu KFZ-Antrieben
- Mitschüler beantwortet Fragen zu Bestandteilen eines Computers

Tipps:

- Bei der Auswahl des Experten sollte darauf geachtet werden, dass dieser nicht „über die Köpfe" der Schüler hinweg redet und sich nicht zu sehr in nur ihm bekannten Fachtermini verliert.
- Es sinnvoll, vorab einen „Protokollführer" zu bestimmen (noch besser: zwei, die sich abwechseln), um Aussagen schriftlich festzuhalten.

Kommunikation, freies Sprechen und Zuhören trainieren; Informationsaustausch

Material, um Informationen schriftlich festhalten zu können

Durchführung:

Die Schüler der Lerngruppe oder Klasse werden in zwei Gruppen eingeteilt.

Sie bilden einen Innen- und einen Außenkreis, sodass sich je ein Schüler des Innen- und einer des Außenkreises gegenüberstehen. Der Schüler des Innenkreises berichtet dem gegenüberstehenden Schüler des Außenkreises seine Ergebnisse und Schlussfolgerungen aus einer vorher bearbeiteten Aufgabe. Nach einer vorher festgelegten Zeit beendet er seine Ausführungen und sein Gegenüber wiederholt seine Ausführungen, korrigiert sie ggf. und ergänzt sie.

Dann dreht sich der Innen- oder Außenkreis um eine vorher festgelegte Personenzahl und die Kommunikationsphase beginnt erneut. Dieser Wechsel kann je nach Lerngruppensituation mehrfach wiederholt werden, wobei bei jedem Durchgang eine Vertiefung erzielt wird.

Nach Beendigung des Lernkarussells werden die Inhalte zusätzlich schriftlich fixiert.

Konkrete Unterrichtsbeispiele:

- Erläuterung des Begriffs „Elektrischer (Ohmscher) Widerstand"
- Funktionsweise eines Flaschenzugs (Lose Rolle, Feste Rolle)
- Unterschied zwischen Amplitude und Frequenz bei Tönen und Geräuschen

Tipp:

Die Konzentrationsfähigkeit in der Gruppe bestimmt die Anzahl der möglichen Wechsel.

5.5 Partnerinterview

5–10 Min.

Schüler versetzen sich in die Rolle eines Reporters und befragen einen Mitschüler zu seinen Arbeitsergebnissen und angewandten Bearbeitungsmethoden

Papier, Schreibzeug

Durchführung:

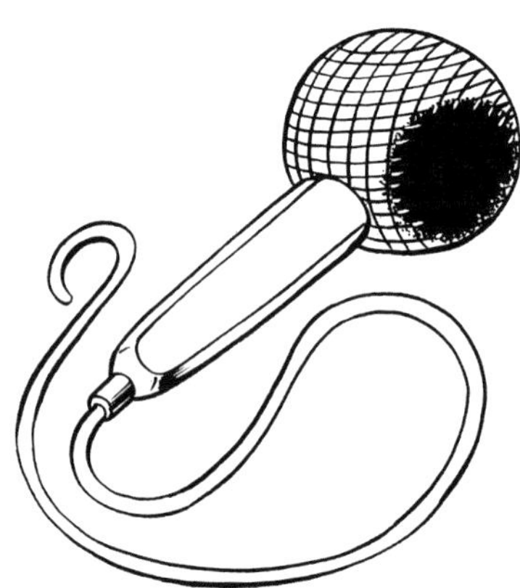

Nach einer Erarbeitungsphase in Partnerarbeit werden die Partner gewechselt und die neuen Partner schlüpfen abwechselnd in die Rolle eines Reporters bzw. Interviewten.

Sie befragen sich nacheinander zum bearbeiteten Thema, zur Vorgehensweise bei der Bearbeitung und zu den Ergebnissen.

Während der Befragung macht sich der Interviewer Notizen. Sind alle Interviews abgeschlossen, stellen die Reporter ihr Interview im Plenum vor.

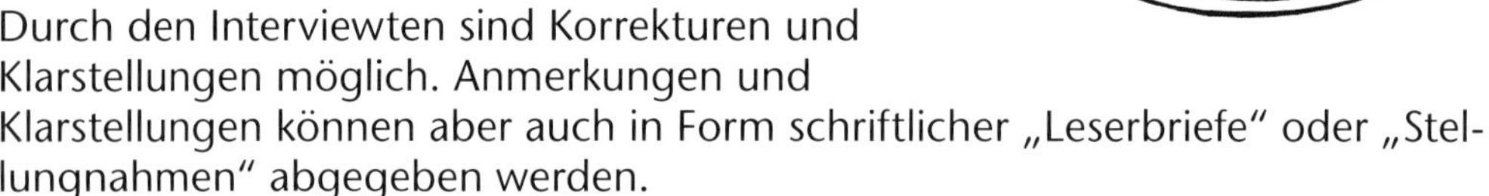

Durch den Interviewten sind Korrekturen und Klarstellungen möglich. Anmerkungen und Klarstellungen können aber auch in Form schriftlicher „Leserbriefe" oder „Stellungnahmen" abgegeben werden.

Konkrete Unterrichtsbeispiele:

- Abhängigkeit der Induktionsspannung von den Faktoren Wicklungszahl, Stärke des Dauermagneten, Geschwindigkeit der Magnetbewegung

Tipp:

Diese Methode kann auch genutzt werden, um bei neu zusammengestellten Lerngruppen, deren Mitglieder sich nicht oder kaum kennen, eine Vorstellungsrunde zu ersetzen.

ca. 10 Min.

Vorstellungen in „Mindmap" zusammenfassen

Schreibmaterial, unliniertes Papier, ggf. mindmap-Programm, Computer

Durchführung:

Die Schüler können aus ihrem Alltagswissen heraus viele physikalische Phänomene beschreiben und einordnen. Dieses Vorwissen kann durch „Mindmapping" in eine leicht überschaubare und ergänzbare Form gebracht werden. Dazu können die Schüler nach Bekanntgabe des Themas in Einzel- oder Gruppenarbeit eine solche Mindmap erstellen – per Handzeichnung oder am PC.

Die rechnergestützte Variante erlaubt das problemlose Verändern zu späteren Zeitpunkten, erfordert aber die entsprechende technische Ausstattung.

Die Entwicklungszeit sollte begrenzt werden, da sonst ggf. sehr ausufernde Mindmaps entstehen können. Nach Abschluss der Einzel- oder Gruppenarbeit können die Mindmaps vorgestellt und zusammengefügt werden.

Konkretes Unterrichtsbeispiel:

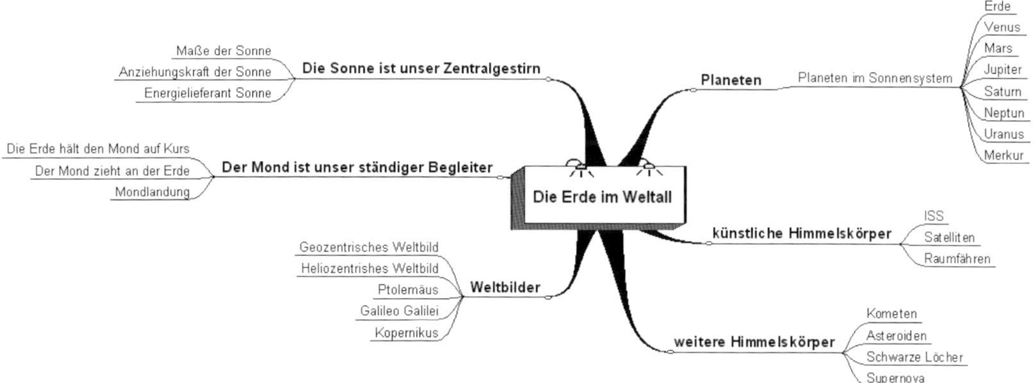

Tipp:

Im Internet ist das kostenlose Programm „MindManager smart" erhältlich.

5–10 Min.

Stilmittel „Collage“ als Zusammenfassungsmedium nutzen

Zeitschriften, Werbeprospekte, Bücher, A2-Fotokarton, Schere, Kleber

Durchführung:

Nach einer Erarbeitungsphase erstellen die Schüler selbstständig Collagen zum Unterrichtsthema – in Einzel-, Partner- oder Gruppenarbeit.

Sie sollten ein großes Format nutzen, um genügend Fotos und Schriftzüge unterbringen zu können.

Die fertigen Collagen können im Fach- oder Klassenraum ausgestellt werden. Abfotografiert lassen sie sich auf elektronischem Wege weiterbearbeiten und zur weiteren Übung und Vertiefung nutzen.

Konkrete Unterrichtsbeispiele:

- Magnete in Physik und Technik
- Rollen und Zahnräder
- Energieerzeugung

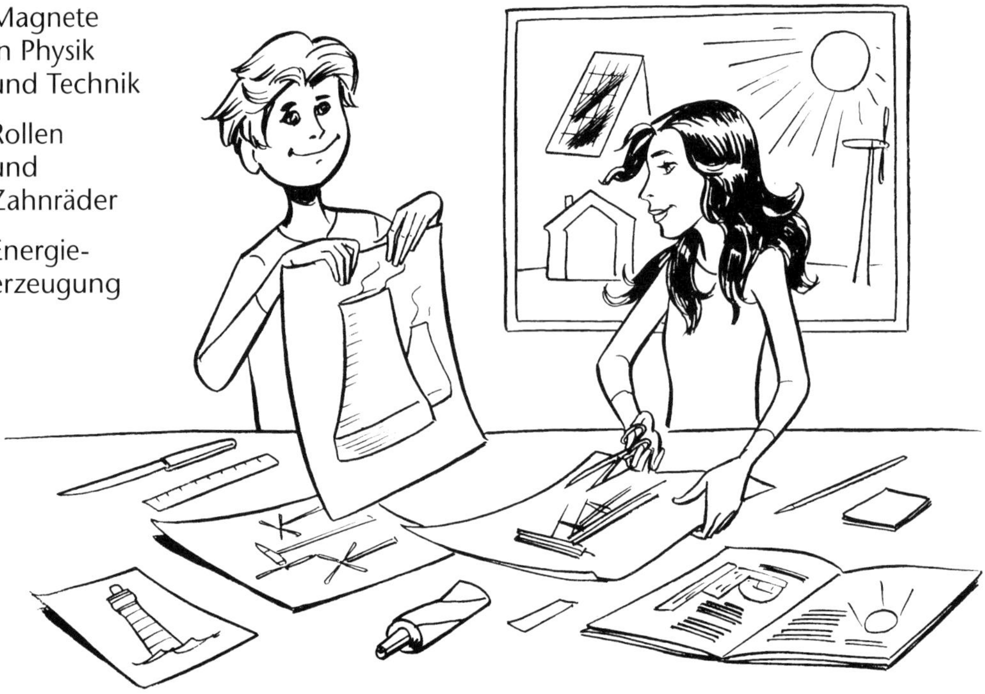

Tipp:
In unteren Jahrgangsstufen kann es sein, dass der Begriff Collage und die Erstellung nicht bekannt sind. Einige Vorlagen können da schnell Abhilfe schaffen.

eigenverantwortliches Arbeiten fördern, Körpersprache, Empathieschulung

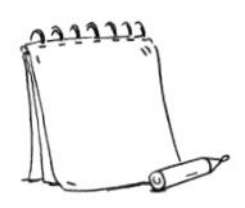

Material für die Darstellung der entsprechenden Rollen, Beobachtungsaufgaben

Durchführung:

Das Rollenspiel bietet Schülern die Gelegenheit, sich in die Denk- und Verhaltensweisen anderer hineinzuversetzen. Sie erhalten die Möglichkeit, sich spielerisch in Arbeits- und Konfliktsituationen auszuprobieren und diese „hautnah" nachzuerleben, weil sich jeder Darsteller vorab mit seiner „Person", seiner Darstellung intensiv auseinandersetzen muss.

Ein Rollenspiel bedarf also einer gründlichen Vorbereitungsphase, in der die Darsteller in Kleingruppen Hilfestellungen finden können. Jede dieser Kleingruppen bereitet dann eine Rolle gemeinsam vor und delegiert ein Gruppenmitglied für die Aufführung des Rollenspiels.

Die Schüler, die nicht aktiv in den Handlungsablauf des Rollenspiels eingebunden sind, erhalten Beobachtungsaufgaben.

Nach der Aufführung teilen die einzelnen Beobachter ihre Wahrnehmungen mit, hierdurch ergibt sich meist eine Diskussion über die Darsteller – und das Thema.

Konkrete Unterrichtsbeispiele:

- Galileo Galilei und sein neues Weltbild
- Vor- und Nachteile der Erfindung des Handys

Tipps:

- Bei Klassen, denen das Rollenspiel als Methode noch nicht geläufig ist, empfehlen sich als Einstieg überschaubare Sachprobleme, die nicht so schnell emotionale Betroffenheit bei den Darstellern auslösen können.
- Die „Beobachter" sollten nicht aus der Kleingruppe des zu beobachtenden Rollenspielers stammen.

5.9 Streifenpost

10–15 Min.

Schüler entscheiden sich für eine Aufgabe bzw. eine Rolle, persönliche Stärken herausfinden

längliche Papierstreifen, beschriftet mit Rollenbezeichnungen (z. B. für ein Rollenspiel, für eine Projekt- oder Gruppenarbeit)

Durchführung:

Auf einem oder mehreren Tischen liegen Papierstreifen mit Rollenbeschreibungen. Die Schüler lesen die Streifen und entscheiden sich für eine Rolle, von der sie annehmen, dass sie sie mit Inhalt füllen können. Um das Betrachten und Lesen zu erleichtern, sollten die Streifen auf verschiedenen Tischen ausgelegt oder an Stellwänden befestigt werden.

Nach einer vorher festgelegten Lese- und Überlegens-Phase entscheiden sich die Schüler für eine der Rollen bzw. Aufgaben, nehmen den entsprechenden Streifen an sich und schreiben auf, wie sie sich das Ausfüllen dieser Rolle vorstellen.

Im Plenum stellen sie ihre Rollen- bzw. Aufgabenbeschreibung vor und begründen ihre Wahl.

Konkrete Unterrichtsbeispiele:

- Charaktere für ein Rollenspiel, Beobachtertätigkeit
- Funktionsübernahme bei einer Projektarbeit

Rolle 1:
Rolle 2:
Rolle 3:

Tipp:

Da sich mehrere Schüler für dieselbe Rolle entscheiden können, sollten die beschrifteten Streifen in mehreren Exemplaren vorliegen.

Vorstellung von Zeiträumen gewinnen, darstellen

Material, um Informationen schriftlich festhalten zu können

Durchführung:

Die Schüler erstellen einen Zeitstrahl, um Ereignisse, die in der Vergangenheit passierten bzw. mindestens bis in die Gegenwart reichen, zeitlich überschaubar einordnen zu können. Dazu muss ein Zeitstrahl sinnvoll gewählte Zeitabstände enthalten. Die Schüler sollten bei der Anfertigung daher zuerst die zu erfassende Zeitspanne ermitteln, dann über einen brauchbaren Maßstab entscheiden und erst anschließend ihre Zeichnung anfertigen. Bei der Diskussion um den Maßstab wird sich zumindest bei einigen Themen schnell zeigen, dass ein A4-Blatt nicht unbedingt geeignet erscheint.

Verfeinert werden kann der Zeitstrahl durch Schlagworte, kleine Zeichnungen oder Bilder, die zum Verständnis beitragen bzw. Orientierungspunkte liefern, um auch sachfremden Personen den Inhalt des Zeitstrahls verständlich zu machen.

Nach der Fertigstellung kann ein recht aufwendig produzierter Zeitstrahl auch einem größeren Publikum präsentiert werden (Aula, Pausenhalle, Flur).

Konkrete Unterrichtsbeispiele:

- Vom Rad zum ICE
- Vom Kienspan zur LED-Leuchte
- Die Entstehung des Universums: BIG BÄNG lässt grüßen

Tipps:

- Die einzelnen Abschnitte des Zeitstrahls können durch verschiedenfarbige Papiere oder zusätzliche Pfeile hervorgehoben werden.
- Ein Zeitstrahl kann nicht nur linear, sondern auch als Spirale dargestellt werden.

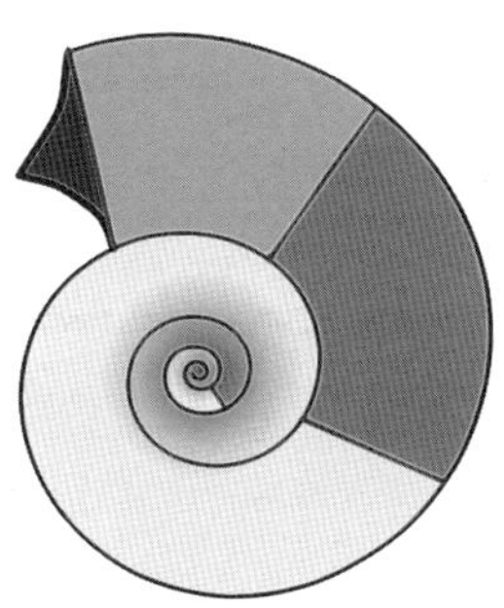

mündlich Rückmeldung zur aktuellen Unterrichtsstunde geben; auch als Rückmeldung zu einer Unterrichtsreihe nutzbar

ggf. Gegenstand zum Weitergeben

Durchführung:

Die Schüler werden durch die Lehrkraft aufgefordert, zur aktuellen Unterrichtsstunde bzw. zum Ablauf einer Unterrichtseinheit Stellung zu nehmen. Die Stellungnahme soll nur aus einem Schlagwort oder einem kurzen Satz bestehen, unter Verwendung der „Ich-Form".

Anschließend gibt der nächste Schüler sein Statement ab, die weiteren Schüler folgen mit ihren Äußerungen.

Die Reihenfolge der Schüleraussagen kann auch von Sitznachbar zu Sitznachbar erfolgen. Das Blitzlicht kann aber auch eine willkürliche Reihenfolge nehmen. Hierzu ist es sinnvoll, einen Gegenstand von einem zum anderen weiterzureichen, damit nicht mehrere Schüler zur gleichen Zeit versuchen, ihre Antwort zu geben.

Konkretes Unterrichtsbeispiel:

- Rückschau auf Versuchsergebnisse nach der Durchführung von Versuchen zur elektrischen Leitfähigkeit von verschiedenen Stoffen

Tipps:

- Antworten wie z. B. „Das meine ich auch" oder „Ich bin der gleichen Meinung" sollten unterbunden werden.
- In unteren Jahrgangsstufen oder bei mit der Methode nicht vertrauten Gruppen bzw. Klassen ist ein Stuhlkreis bei der Durchführung des Blitzlichts eine gute Hilfe.

5 Min.

Ideen, Klagen und Probleme zur laufenden Unterrichtseinheit (Projektarbeit) sammeln, Feedback

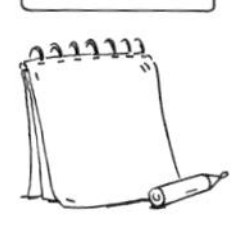

Karten, Schreibzeug, 3 Flipcharts oder Wandflächen

Durchführung:

Während der gesamten Unterrichtseinheit oder der Projektarbeit können die Schüler Ideen, Klagen oder Probleme auf Kärtchen schreiben. Diese Kärtchen heften sie an eine der drei Flipcharts mit den Bezeichnungen „Ideenwand", „Klage-Tafel" und „Problemspeicher".

An die Ideenwand kommen Kärtchen mit Zusatzinformationen, Sachbeiträgen und Verfahrensvorschlägen.

Auf die „Klage-Tafel" kommen Kärtchen, die Unmut oder Ärger ausdrücken.

Die Problemspeicher-Flipchart bekommt Kärtchen angeheftet, auf denen Dinge beschrieben sind, die (noch) nicht gelöst werden konnten, die aber nicht vergessen werden dürfen.

Konkrete Unterrichtsbeispiele:

- Projektarbeit zum Thema „Wetter", mit ständigen Rückmeldungen
- Projekt „Musikinstrumente selbst gebaut"

Tipp:

Während der laufenden Unterrichtsarbeit ist es sinnvoll, einzelne Kärtchen – insbesondere die der „Klage-Tafel" – im Gespräch abzuarbeiten.

5–10 Min.

Feedback zu Unterrichtssituationen oder Lerninhalten geben können

Papier, eventuell mit vorformulierten Fragen, Schreibzeug

Durchführung:

Ein Feedback zu einer Unterrichtsstunde oder einer Unterrichtseinheit kann sehr schnell durch einen Rückmeldebogen erfolgen. Dazu erhalten die Schüler einen Bogen mit Formulierungen der Lehrkraft, in denen sich Fragen zum Thema und zum Ablauf des Unterrichts wiederfinden sollten.

Eine andere, hinsichtlich der Auswertung etwas schwierigere Variante besteht darin, dass sich die Schüler im Fragebogen frei zum Thema oder zum Ablauf des Unterrichts äußern.

Für die Bearbeitung des Bogens sollte kein zu langer Zeitraum eingeräumt werden, um möglichst spontane Aufschriebe zu erreichen.

Konkrete Unterrichtsbeispiele:

Mögliche Fragen:

- Hat dir die Arbeitsweise „Gruppenarbeit" gefallen oder arbeitest du lieber alleine?
- Entsprach das Thema deinen Interessen?
- War die Aufgabenverteilung in „deiner" Gruppe gerecht?
- Bist du mit dem Unterricht insgesamt eher zufrieden gewesen?
  Gib Schulnoten von 1 bis 6.

Tipps:

- Neben der Möglichkeit der freien Formulierung bei den Antworten können auch vorformulierte Antworten zum Ankreuzen genutzt werden.
- Der Rückmeldebogen sollte als anonyme Rückmeldung genutzt werden, weil Schüler sonst bei möglichen negativen Äußerungen zögern könnten.

Quellen:

S. 43: Dr. Bernd Gross; CC-BY-SA-4.0; https://upload.wikimedia.org/wikipedia/commons/f/f9/DLR_School_Lab_Dresden_%2802%29.JPG

S. 49: Deutsche Gesellschaft für Post- und Telekommunikationsgeschichte, CC-by-sa 3.0, https://upload.wikimedia.org/wikipedia/de/b/b0/Grusstelegramm_Hartmann_1949.jpg

Index:

Index

Methode	Seite	Einstieg	Ideenfindung	Erarbeitung	Wiederholung	Präsentation	Feedback
Lernzirkel / Stationenlernen	36			x	x		
Markt der Möglichkeiten	50					x	
Mindmapping	55		x	x	x	x	
Netzwerk aus Karten	48				x	x	
Partnerinterview	54				x	x	x
Placemate	40			x	x	x	x
Posteingang	21			x	x		
Projektorientiertes Arbeiten	20			x	x		
Protokoll erstellen	45				x		x
Rollenspiel	57				x	x	x
Rückmeldebogen	62						x
Satzanfänge weiterführen	10	x					
Schneeball	12	x	x	x			
Schülerdemonstrationsexperimente	44			x	x	x	x
Schülergruppenexperimente arbeitsteilig	19			x		x	
Schülergruppenexperimente	18		x	x		x	
Science-Shop	13	x		x	x		
Smartphone- / Handy-Einsatz	27			x	x	x	
Spiele im Physikunterricht	29			x	x		
Spielzeuge im Physikunterricht	28	x	x	x	x		
Steckbrief	46				x	x	
Streifenpost	58				x	x	x
Stummes Schreibgespräch	38			x			x
Tauschbörse	42			x	x	x	x
Telegramm / SMS	49				x		
Text zusammenfassen	23			x	x		
Tuschel-Tuschel	33			x	x		x
Unterrichtsgespräch frei	7	x	x				
Unterrichtsgespräch gelenkt	8	x		x			
Wandspeicher	61		x	x		x	x
Zeitstrahl zusammenstellen	59				x	x	